Préface

Ce petit livre est un guide pour le jeune (ou l'adulte) « zappeur ». Celui qui s'éparpille ne sait plus mettre en ordre ses impressions et ses idées à moins de posséder un fil conducteur. Cela est vrai aussi pour l'éveil et la maturation de la foi.

Écrire ces pages a demandé non seulement beaucoup de travail, mais aussi beaucoup de cœur, de foi et d'intelligence, pour dire le plus brièvement possible les repères nécessaires à une expérience chrétienne en train de se construire.

Connaître la Foi catholique rendra un grand service aux jeunes comme aux adultes en leur proposant le fil conducteur du *Catéchisme de l'Église catholique.*

+ Jean-Marie card Lustiger

† Jean Marie Lustiger
archevêque de Paris

Texte établi par
Monseigneur André Vingt-Trois
Cardinal de Paris

Connaître la foi catholique

Préface du Cardinal Jean-Marie Lustiger

Le Sénevé / Cerp

Conception et réalisation : CERP
Illustrations et logo : Anne Gravier
Couverture : Francine Kergosien
Photo : Christ en majesté. Cathédrale de Chartres – Portail royal.
Cliché : P. Lefèvre

ISBN : 978-2-283-73156-7

Avant-propos

Depuis quelques décennies, le catéchisme des enfants est entré dans une phase nouvelle. L'effort pour y associer les parents fait souvent apparaître une difficulté : des parents de plus en plus nombreux ne se sentent pas prêts à assumer cette tâche, soit parce que leur motivation est incertaine, soit, le plus souvent, parce qu'ils sont démunis à l'égard du contenu de la foi chrétienne. Leur propre catéchisme est fort loin, quand ils ont été eux-mêmes catéchisés, ce qui n'est pas toujours le cas. Et même s'ils gardent quelques souvenirs de ce catéchisme de leur enfance, il leur paraît peu adapté à la situation présente.

Dans le même temps, des adultes de plus en plus nombreux s'interrogent, chez nous, sur la foi de l'Église. Les uns, chrétiens dans leur enfance, reviennent à une pratique chrétienne oubliée et souhaitent mettre à jour leurs connaissances. D'autres sont intéressés par la foi chrétienne et cherchent à savoir ce que l'Église dit de sa foi. Les uns et les autres peuvent participer à des groupes d'information ou de réflexion, mais beaucoup aimeraient disposer d'un instrument commode pour alimenter leurs recherches ou compléter leur information.

Pour répondre à ces attentes, les évêques de différents pays européens ont proposé jadis des « catéchismes pour adultes ». Ce fut le cas, entre autres, en Allemagne, en France, en Hollande et en Belgique. Quelques traductions de ces livres ont connu leur heure de gloire. Venait-elle d'un véritable intérêt des lecteurs ou d'une promotion médiatique sur fond de polémique ? L'avenir le dira, si ce n'est déjà fait. L'intérêt de ces propositions et la diversité des résultats faisaient encore mieux ressortir le besoin d'un instrument de référence universel.

Le Concile Vatican II (1962-1965) a apporté une contribution décisive à la rencontre de la foi chrétienne avec les réalités du monde actuel. Mais les déclarations officielles d'un Concile sont des textes inégalement abordables par le commun des mortels et elles n'ont ni l'objectif ni les moyens de faire une présentation exhaustive et organique de la foi chrétienne. En 1985, le Pape convoquait une session extraordinaire du synode des évêques pour marquer le vingtième anniversaire de la clôture du Concile Vatican II. « Le but de cette assemblée était de célébrer les grâces et les fruits spirituels du Concile Vatican II, d'en approfondir l'enseignement pour mieux y adhérer et d'en promouvoir la connaissance et l'application » (Jean-Paul II, *Introduction au Catéchisme de l'Église catholique*).

Les Pères du synode ont émis le vœu que « soit rédigé un catéchisme ou compendium de toute la doctrine chrétienne ». Pendant six années, des experts et des évêques ont travaillé à la réalisation de ce projet. Le texte final fut communiqué à tous les évêques du monde pour recevoir leurs avis et leurs propositions d'amendements. Finalement, la version française de ce catéchisme est parue en 1991. C'est maintenant l'instrument de référence pour toute production catéchétique. Mais il va de soi que cet ouvrage de près de sept cents pages n'est pas d'un maniement commode pour tout le monde.

On a voulu se tenir ici au plus près du texte du *Catéchisme de l'Église catholique* et en exprimer le contenu d'une manière qui le rende accessible au plus grand nombre.
Connaître la Foi catholique a été conçu comme un instrument de travail. Il tente de proposer des repères simples et faciles à retrouver : douze « articles de foi », sept « sacrements », neuf « béatitudes », dix « commandements », la « prière du chrétien », le Notre Père.

Introduction

1 Quelle est la place de Dieu dans notre vie ?

Dans chacun de nos villages de France, et dans chaque quartier de nos villes, nous voyons une église, tantôt modeste, tantôt d'une grande beauté artistique. Cette église est le lieu où se rassemblent les catholiques, qui sont en France la majorité. C'est là qu'ils prient, chaque dimanche, le Jour du Seigneur, ou encore à l'occasion du baptême de leurs enfants, de leur mariage ou quand meurt l'un des leurs. C'est la maison de la famille des catholiques.
Ces églises montrent la place de la foi catholique dans notre pays, dans notre histoire et dans notre société. Elles nous posent aussi des questions : quelle est la place de Dieu dans notre vie ? Et surtout : qui est Dieu ?

2 Qu'est-ce que la religion ?

À travers les siècles et les continents, différentes religions ont apporté leurs réponses à ces questions. Elles aident ainsi les hommes à répondre à la question du sens de leur vie. Elles manifestent une attente inscrite dans le cœur de tous les hommes. Elles expriment et transmettent leurs doctrines, c'est à dire l'ensemble de leurs croyances. Certaines de ces religions sont représentées en France. Mais dans cette diversité des religions, le judaïsme et le christianisme se distinguent des autres. À la différence des autres dieux, le Dieu unique qu'ils annoncent s'est fait connaître aux hommes et Il s'est fait connaître comme une personne.

3 Qui est Dieu ?

Le désir de savoir qui est Dieu habite depuis toujours le cœur des hommes. Cette question est déjà un signe que tout ce qui existe ne se réduit pas à ce que nous voyons et à ce que nous connaissons, à ce qui est à notre portée.

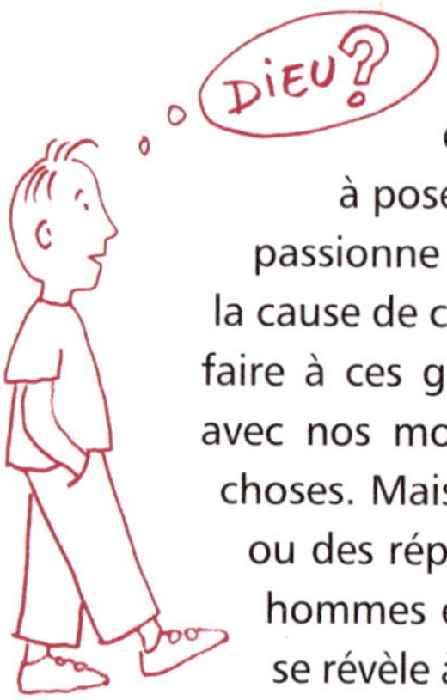

Nous avons en nous un désir d'infini qui nous conduit à poser la question de Dieu, de même que les merveilles de l'univers nous aident à poser la question de son origine. Et cette question passionne toujours les hommes : quelle intelligence est la cause de ces merveilles ? Les réponses que nous pouvons faire à ces grandes questions sont des réponses conçues avec nos moyens humains de réfléchir et d'exprimer les choses. Mais Dieu n'est pas le produit de notre recherche ou des réponses à nos questions. Il se fait connaître aux hommes et se donne à eux. On dit qu'il se révèle. Dieu se révèle à l'humanité, progressivement, par des actions et des paroles qui s'éclairent mutuellement.

4 Dieu se révèle dans l'histoire d'un peuple

Par la Bible, nous connaissons les différentes étapes de la Révélation de Dieu :

- Dieu crée le monde et à son sommet : l'homme.
- Dieu choisit et appelle Abraham.
- Dieu fait Alliance avec Moïse au mont Sinaï.
- Dieu constitue le peuple d'Israël pour témoigner de l'espérance de la venue du Messie pour toutes les nations.

Enfin, Dieu lui-même donne son Fils, Jésus de Nazareth, le Christ. Il est la Parole unique et parfaite du Père, son Verbe (comme le nomme l'évangile selon saint Jean), qui le révèle pleinement. Jésus accomplit et achève la Révélation.

5 Dieu lui-même se fait connaître en donnant son Fils

Le Christ est « le Chemin, la Vérité et la Vie » (Jean 14, 6). Pour que tous les hommes et tous les peuples le connaissent, il faut qu'Il soit annoncé par toute la terre. C'est pourquoi Jésus a envoyé ses apôtres en mission. Ceux-ci ont transmis l'Évangile, par la parole et par l'écrit, et ils ont assuré la suite de leur mission en choisissant des hommes à qui ils imposèrent les mains pour les envoyer. Ainsi la Tradition des Apôtres se poursuit de génération en génération jusqu'à la fin des temps.

6 La Sainte Écriture et la Tradition des Apôtres font connaître Dieu

La Sainte Écriture est la parole de Dieu adressée aux hommes. Nous croyons que c'est Dieu qui a inspiré les auteurs des livres de la Bible. La Bible est le livre qui rassemble les Écritures Saintes, celles de l'Ancien Testament et celles du Nouveau Testament.

7 Comment lui répondre ?

La réponse de l'homme à Dieu qui se fait connaître est la foi. Celui qui croit se soumet librement à la parole de Dieu qu'il écoute : c'est l'obéissance de la foi. Nous connaissons de grands exemples de foi.

Abraham s'est mis en route en faisant confiance à la parole de Dieu. Il est le Père des croyants.

Dans la foi, la Vierge Marie a accueilli l'annonce de la promesse qui lui a été faite par l'ange.
Par la foi, nous faisons confiance à Dieu parce qu'il est Dieu et nous croyons totalement ce qu'Il dit.

8 Croire en Dieu

« Nul ne peut dire : "Jésus est Seigneur", que sous l'action de l'Esprit Saint. »

I Corinthiens 12, 3

Pour le chrétien, croire en Dieu, c'est aussi croire en Celui qu'Il a envoyé, Jésus Christ, le Fils unique de Dieu. Nous croyons au Père et au Fils grâce à l'Esprit Saint qui révèle aux hommes qui est Jésus. Les chrétiens croient en Dieu Trinité, un seul Dieu Père, Fils et Esprit Saint.

9 Qu'est-ce que la foi ?

La foi est un don de Dieu, qu'on appelle la grâce. Elle est aussi un acte pleinement humain qui fait appel à l'intelligence et à la liberté humaines. Les vérités que Dieu nous révèle, apparaissent vraies aussi à la lumière de notre intelligence. La foi cherche à comprendre la Révélation et à mieux connaître Dieu. On peut avoir de nombreux doutes sur tel ou tel aspect de la foi, mais tous ces doutes ne remettent pas en cause la confiance que l'on fait à Dieu. Cependant, si la foi n'est pas nourrie et entretenue, elle peut s'assoupir et même s'éteindre.

Parce qu'il s'agit d'une relation personnelle avec Dieu, la foi ne peut être que libre et volontaire. Personne ne doit être contraint à croire malgré soi.

10 La foi avec l'Église

La foi chrétienne se reçoit et se transmet dans l'Église. On ne peut pas croire tout seul ni reconstituer le contenu de la foi par nous-mêmes. Ainsi, au moment de notre baptême, de notre entrée dans l'Église, nous sommes invités à prononcer la Profession de Foi de l'Église. C'est l'Église qui porte, transmet et nourrit la foi. Elle proclame cette foi unique à travers les lieux et les âges par la proclamation du Symbole de la Foi.

LE SYMBOLE DES APÔTRES
Je crois en Dieu

Douze articles de foi

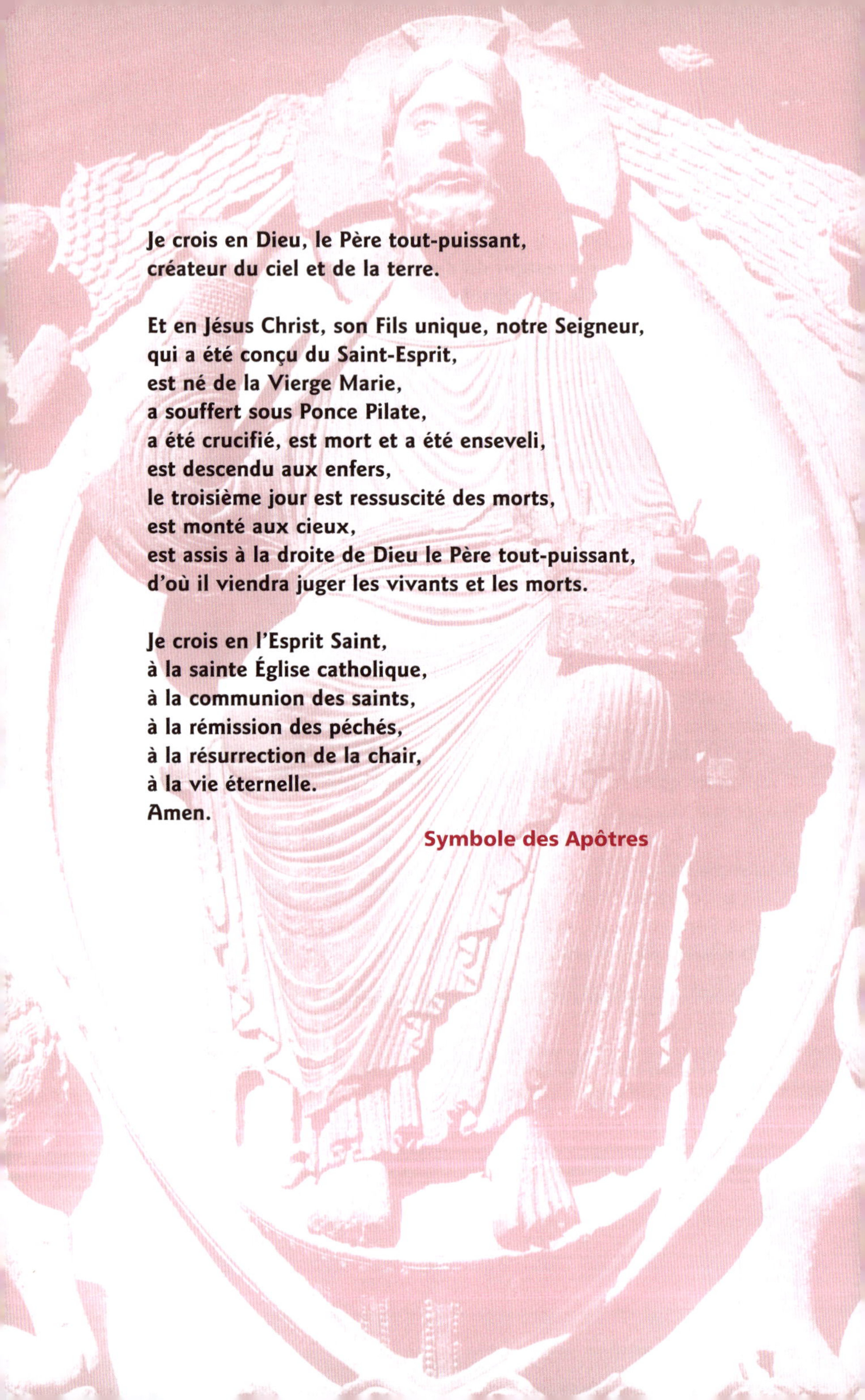

Je crois en Dieu, le Père tout-puissant,
créateur du ciel et de la terre.

Et en Jésus Christ, son Fils unique, notre Seigneur,
qui a été conçu du Saint-Esprit,
est né de la Vierge Marie,
a souffert sous Ponce Pilate,
a été crucifié, est mort et a été enseveli,
est descendu aux enfers,
le troisième jour est ressuscité des morts,
est monté aux cieux,
est assis à la droite de Dieu le Père tout-puissant,
d'où il viendra juger les vivants et les morts.

Je crois en l'Esprit Saint,
à la sainte Église catholique,
à la communion des saints,
à la rémission des péchés,
à la résurrection de la chair,
à la vie éternelle.
Amen.

Symbole des Apôtres

Je crois en un seul Dieu,
Le Père tout-puissant, créateur du ciel et de la terre,
de l'univers visible et invisible.

Je crois en un seul Seigneur, Jésus Christ,
le Fils unique de Dieu, né du Père avant tous les siècles;
Il est Dieu, né de Dieu,
lumière, née de la lumière,
vrai Dieu, né du vrai Dieu,
Engendré, non pas créé, de même nature que le Père;
et par lui tout a été fait.
Pour nous les hommes, et pour notre salut,
il descendit du ciel;
Par l'Esprit Saint, il a pris chair de la Vierge Marie,
et s'est fait homme.
Crucifié pour nous sous Ponce Pilate,
il souffrit sa passion et fut mis au tombeau.
Il ressuscita le troisième jour, conformément aux Écritures,
et il monta au ciel; il est assis à la droite du Père.
Il reviendra dans la gloire, pour juger les vivants et les morts;
et son règne n'aura pas de fin.

Je crois en l'Esprit Saint, qui est Seigneur et qui donne la vie;
il procède du Père et du Fils;
Avec le Père et le Fils, il reçoit même adoration et même gloire;
il a parlé par les prophètes.

Je crois en l'Église, une, sainte, catholique et apostolique.

Je reconnais un seul baptême pour le pardon des péchés.

J'attends la résurrection des morts, et la vie du monde à venir.

Amen.

Symbole de Nicée

Article I

Je crois en Dieu, le Père tout-puissant, créateur du ciel et de la terre...

11 Je crois en Dieu...

C'est le point de départ de toute la foi chrétienne. Nous croyons en un seul Dieu. C'est Dieu lui-même qui s'est fait connaître à son peuple Israël en se révélant à Moïse. Quand Dieu l'a appelé du milieu d'un buisson qui brûlait sans se consumer – le buisson ardent –, Moïse Lui demanda un nom qu'il puisse répéter aux Hébreux pour confirmer sa mission. Dieu lui répondit : « Je-suis-"Celui-qui-Suis" » ou encore : « Je-suis-"Qui-Je-Suis" ». C'est bien un nom, mais un nom mystérieux qui signifie que Dieu est plus grand que tous les noms. Plus que tout ce que nous pouvons en dire ou en imaginer Dieu EST. Il existe et c'est le premier acte de notre foi : nous croyons que Dieu existe.

12 Le Père...

Les chrétiens sont baptisés « au nom du Père et du Fils et du Saint-Esprit ». Quand ils commencent leur prière, ils se marquent du signe de la croix sur le front, le cœur et les épaules en invoquant Dieu : Au Nom du Père, et du Fils et du Saint-Esprit : c'est la Trinité. L'homme n'est pas capable d'imaginer un Dieu unique qui existe en trois personnes. C'est Dieu qui nous a révélé ce mystère de son amour par l'envoi de son Fils et du Saint-Esprit.

Jésus nous a révélé que Dieu est « Père », en nous montrant d'une façon unique et originale, que Lui-même n'existe que par son Père. Jésus est un seul Dieu avec le Père. Jésus a promis à ses apôtres – les douze hommes qu'Il a choisis et envoyés – le don de l'Esprit Saint. Il sera avec eux et en eux pour les instruire et les conduire « vers la vérité tout entière » (Jn 16,13). Ainsi, Jésus nous le fait connaître comme une autre personne divine.

13 Qu'est-ce que la Trinité ?

La Trinité est Une : nous ne croyons pas en trois dieux, mais en un seul Dieu en trois personnes : le Père, le Fils et l'Esprit Saint. Chacune des trois personnes est Dieu tout entier. Chacune des trois personnes n'existe qu'en union avec les deux autres dans une parfaite relation d'amour. Ainsi toute l'œuvre de Dieu est l'œuvre commune des trois personnes et toute notre vie de chrétiens est une communion avec chacune des trois personnes.

14 Tout-puissant...

Dieu fait tout ce qu'Il veut, Il est le Maître de l'univers qu'Il a créé et qu'Il accompagne tout au long de son histoire. Nous le croyons avec la Vierge Marie à qui l'ange a répondu : « Rien n'est impossible à Dieu » (Luc 1, 37). Sa puissance se manifeste dans son amour pour tous les hommes : Il fait de nous ses enfants et nous pardonne nos péchés.
Face au mal et à la souffrance, la foi en la puissance de Dieu est mise à l'épreuve. Jésus, le Fils unique de Dieu, a été lui aussi confronté au mal et à la souffrance. En Jésus, la toute-puissance de l'amour de Dieu a supporté la souffrance pour sauver les hommes. « Dieu, en effet, a tant aimé le monde qu'Il a donné son Fils, son unique, pour que tout homme qui croit en lui ne périsse jamais mais ait la vie éternelle » (Jean 3, 16).

15 Créateur du ciel et de la terre

«Au commencement, Dieu créa le ciel et la terre.»

Genèse 1, 1

La création est l'origine de tout, le fondement de l'univers et le commencement de l'histoire de l'alliance de Dieu avec l'humanité. Tout le monde se pose la question: «D'où venons-nous?», «Où allons-nous?», «Quelle est notre origine?» «Quelle est notre fin?» «D'où vient et où va tout ce qui existe?» Ces questions reviennent toujours. Elles expriment notre inquiétude sur le sens et l'orientation de notre vie.

16 Création de Dieu et recherche scientifique

Beaucoup de savants ont fait des recherches pour expliquer l'origine de l'univers. Ces recherches nous aident à mieux comprendre notre monde, mais elles ne peuvent jamais dire pourquoi le monde fut créé, ni même établir scientifiquement comment il le fut. La foi nous propose une autre connaissance sur le monde : le monde n'est pas Dieu, il a été créé par Lui. À la différence de Dieu qui est éternel – Il n'a ni commencement ni fin –, le monde a eu un commencement et il aura une fin.

17 Créateur : pour quoi ? pour qui ?

La création du monde est le premier acte de l'amour de Dieu. Dieu-Trinité a créé le monde pour communiquer sa bonté et son amour aux êtres humains seuls capables de Le connaître et de L'aimer.

18 Créateur : comment ?

Dieu a créé le monde à partir de rien. Il n'avait besoin d'aucune aide pour créer le monde. Dieu a créé un monde bon et organisé pour le confier à l'homme. La création est pour nous une source de joie et une responsabilité. Nous contemplons des merveilles dans la création et nous devons veiller à ne pas détruire ou abîmer ces merveilles.

19 Créateur continuel

Dieu demeure présent à sa création. Il ne l'abandonne pas à elle-même. Il la soutient tout au long des siècles. Cette présence continuelle et attentive de Dieu à sa création s'appelle la Providence.

Dieu agit continuellement dans le monde, mais Il n'agit pas à la place des hommes. Il exerce sa providence à travers leurs actions pour gouverner le monde.

Dieu a créé un monde qui va vers sa perfection avec la participation et la responsabilité des hommes. Tant que la création n'est pas arrivée à sa perfection, nous connaissons des progrès et des reculs.

20 Le ciel et la terre

Dans la Bible, « le ciel et la terre » désigne tout ce qui existe, c'est-à-dire la création tout entière. La terre, c'est le monde des hommes. Le ciel n'est pas seulement la voûte céleste, c'est aussi une manière de désigner le « lieu » propre de Dieu et des créatures spirituelles, les anges, qui entourent Dieu. Le ciel et la terre, c'est donc l'univers visible et invisible.

La Bible nous parle des anges qui sont des êtres spirituels, c'est-à-dire sans corps. Ce sont les serviteurs et les envoyés de Dieu. Ainsi à l'Annonciation, l'ange Gabriel fut envoyé à Marie pour lui annoncer qu'elle serait la mère du Sauveur. De même, des anges annoncent la Résurrection du Christ. En attendant le retour du Christ, à la fin des temps, ils accompagnent les hommes dans leur vie sur la terre.
Pour la création de l'univers visible, le récit de la Bible répartit le « travail » de Dieu sur six jours. Il ne s'agit pas évidemment de six journées de vingt-quatre heures, mais de six périodes qui montrent un progrès dans la création pour aboutir à l'homme qui en est le sommet. « Le septième jour, Dieu se reposa. » Le jour du repos, le septième jour, sera le sabbat, le jour consacré au Seigneur pour sanctifier le travail des six jours. Pour nous, chrétiens, la nouvelle création commence par la Résurrection du Christ. C'est pourquoi le dimanche, Jour du Seigneur, est le premier jour de la semaine. C'est le commencement de la nouvelle création, de la vie nouvelle.

21 L'homme créé à l'image et ressemblance de Dieu

> « Dieu créa l'homme à son image, à l'image de Dieu Il le créa, homme et femme Il les créa. »
> *Genèse 1, 27*

L'homme est la seule créature capable de partager la vie de Dieu en Le connaissant et en L'aimant. C'est pourquoi l'homme est une personne. Il n'est pas seulement une chose, un ensemble de cellules, mais quelqu'un, un être unique aux yeux de Dieu. Parce que l'homme est une personne créée à l'« image et ressemblance de Dieu », il est capable de se connaître lui-même, de se donner et d'entrer en communion avec d'autres personnes.
Parce que tous les hommes ont une origine commune, le genre humain forme une unité et tous les hommes sont

solidaires entre eux. Tous les hommes sont vraiment frères. L'homme est à la fois corps et âme, et Dieu l'a voulu ainsi. Le corps nous le voyons. L'âme nous ne la voyons pas. Être est ce qu'il y a de plus intime en l'homme, sa dimension spirituelle, ce par quoi il est particulièrement image de Dieu.

22 Homme et femme

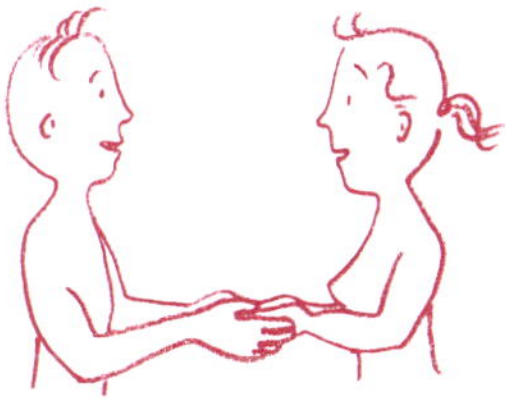

Dieu créa l'humanité homme et femme. Il a voulu l'homme et la femme dans leurs différences. Il les a voulus aussi dans une égale dignité devant son amour.

L'homme et la femme sont créés par Dieu l'un pour l'autre. Dans le mariage, ils sont unis en « une seule chair » pour s'aider l'un et l'autre et pour transmettre la vie qu'ils ont reçue. Époux et parents, ils collaborent ainsi à l'œuvre du Créateur.

23 Homme et femme créés bons

Le premier homme et la première femme ont été créés bons, dans l'amitié avec leur Créateur et en harmonie avec eux-mêmes et avec l'ensemble de la création. Cette situation d'harmonie et de bonheur ne correspond pas à la situation que nous connaissons aujourd'hui. L'homme est désormais soumis à la souffrance et à la mort. La foi nous dit que ce changement, douloureux pour nous, s'explique par le péché.

24 Homme et femme créés pour la communion avec Dieu

C'est à partir de la communion avec Dieu que nous comprenons le véritable mal du péché : un refus et une opposition face à Dieu. Dieu n'est pas à l'origine du péché. C'est un abus de la liberté que Dieu nous donne pour L'aimer et nous aimer mutuellement qui nous conduit à ce mal qu'est le péché.

25 Homme et femme créés libres

Dans la communion et l'harmonie des origines, il y a eu un choix de désobéissance, c'est le péché originel. Une séduction s'est exercée sur la liberté de l'homme. Cette tentation est venue par un ange qui a refusé Dieu et sa toute-puissance. Celui que Jésus appelle le « père du mensonge » (Jean 8, 44), le diable, est à l'origine de la tentation et de la chute du premier homme. Le diable est celui qui divise, qui nous sépare de Dieu et de nos frères.

26 Désormais pécheurs

L'homme, tenté par le diable, a désobéi au commandement de Dieu. Il a fait mourir dans son cœur la confiance envers son créateur. Tout péché est une désobéissance à Dieu et un manque de confiance en sa bonté. L'homme a voulu être « comme Dieu », mais « sans Dieu ».

27 La mort est entrée dans le monde

Le péché originel a détruit l'harmonie voulue par Dieu aux origines. Désormais le mal est présent sous bien des formes : la maîtrise de l'homme sur son esprit et son corps est brisée, les rapports de l'homme et de la femme sont soumis à des tensions, ils risquent de devenir une domination ; la mort fait son entrée dans le monde. Tous les hommes sont marqués par ce péché originel, leur liberté est amoindrie, ils sont habités par des désirs contraires. Par le baptême, l'homme est délivré du péché originel. Toutefois, la liberté de l'homme demeure blessée et fragile. Il reste tenté par le mal.

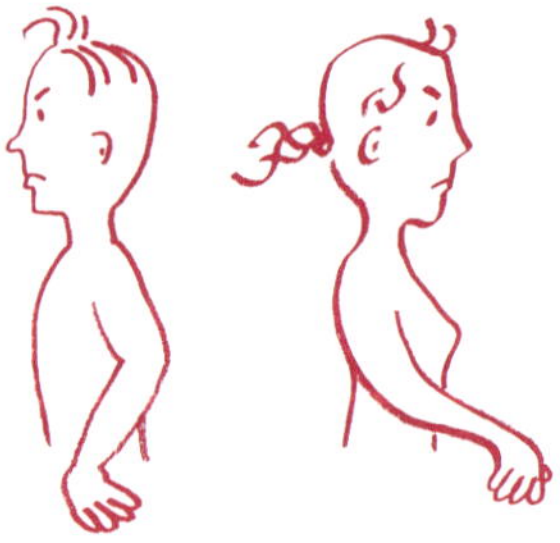

28 L'Amour de Dieu pour sa créature est plus fort

Dieu, parce qu'Il est Amour, n'a pas abandonné l'homme au pouvoir de la mort. À la désobéissance d'Adam, répond l'obéissance de Jésus que l'on peut appeler « le nouvel Adam ». Jésus a obéi jusqu'à la mort et la mort de la croix. Par Lui, l'homme retrouve sa liberté d'enfant de Dieu.

Article 2

Et en Jésus Christ, son Fils unique, notre Seigneur...

29 Jésus Christ ramène l'homme dans la communion avec Dieu

Lors de l'Annonciation, l'ange Gabriel indique à Marie le nom qu'elle devra donner à son fils : Jésus. En hébreu, ce nom signifie : « Dieu sauve ». C'est lui qui sauvera l'homme de son péché. Parce que le péché est toujours une offense faite à Dieu, Dieu seul peut pardonner les péchés. Par Jésus, « Dieu sauve », Dieu réalise sa volonté de salut et d'amour en faveur des hommes. Le nom de Jésus indique donc, en même temps, qui Il est et quelle est sa mission.

> « Il n'y a pas d'autre nom donné aux hommes par lequel nous puissions être sauvés. »
>
> *Actes 4, 12*

Christ est la traduction grecque du mot hébreu « Messie » qui veut dire : celui qui a reçu l'onction. En Israël, on donnait une onction d'huile à ceux qui étaient consacrés par Dieu pour une mission : rois, prêtres ou prophètes. Jésus est le Messie de Dieu. Au moment de son baptême par Jean Baptiste, cette consécration est manifestée par la venue de l'Esprit Saint, sous l'apparence d'une colombe.

Dans les évangiles, en deux moments solennels, le baptême de Jésus et sa Transfiguration, la voix du Père désigne Jésus comme son « Fils bien-aimé ». Jésus lui-même déclare que Dieu a envoyé « son Fils, son Unique dans le monde » (Jean 3, 16). Il est Fils unique car il a une relation particulière avec le Père, comparable à aucune autre : Il est Fils unique de Dieu depuis toujours et pour toujours. C'est pourquoi Jésus, parlant de Dieu, dit à ses disciples : « Mon Père et votre Père » (Jean 20, 17). La traduction grecque de l'Ancien Testament nomme Dieu : Seigneur. Le Nouveau Testament donne aussi ce titre unique à Jésus, reconnu ainsi comme Dieu lui-même. Nous prions habituellement en appelant Seigneur Celui auquel nous nous adressons : le Père, le Fils et le Saint-Esprit.

Article 3

Jésus Christ a été conçu du Saint-Esprit, Il est né de la Vierge Marie

30 Le Fils de Dieu s'est fait homme...

Jésus, Fils unique de Dieu, s'est fait homme, il est devenu l'un d'entre nous. Il est venu pour nous réconcilier avec Dieu et nous sauver, pour nous révéler à quel point Dieu nous aime et pour faire de nous des enfants de Dieu. Il est venu nous ouvrir le chemin de la vie avec Dieu en étant notre modèle.

« Dieu a tant aimé le monde qu'Il a donné son Fils unique afin que quiconque croit en lui ne se perde pas, mais ait la vie éternelle. »
Jean 3, 16

On appelle l'Incarnation, le fait que le Verbe s'est fait chair. Il s'est fait homme. La foi chrétienne se distingue d'autres croyances religieuses en croyant et en affirmant la vérité de l'Incarnation du Fils de Dieu. L'Incarnation du Fils de Dieu n'est pas une sorte de mélange entre le divin et l'humain. Jésus est vraiment et totalement homme en restant totalement et vraiment Dieu : Jésus Christ est vrai Dieu et vrai homme.

31 Jésus Christ : pleinement Dieu et pleinement homme

Au long des siècles, beaucoup de théories ont essayé d'échapper à cette vérité si difficile à admettre. Pour les uns, Jésus n'avait que l'apparence de l'humanité, pour d'autres, il n'était pas vraiment Fils de Dieu mais simplement une personne humaine jointe à la personne divine. Aussi, l'Église a constamment rappelé la réalité de l'Incarnation : Jésus est vrai Dieu et vrai homme. L'Incarnation est le mystère de l'union de la nature de Dieu et de la nature de l'homme dans l'unique Personne du Verbe incarné.

32 … Conçu de l'Esprit Saint, né de la Vierge Marie

À l'ange qui lui annonce qu'elle serait la mère du Sauveur, Marie demande : « Comment cela se fera-t-il puisque je ne connais point d'homme ? » (Luc 1, 34). La réponse de Dieu est donnée par l'ange. « L'Esprit Saint viendra sur toi » (Luc 1, 35). La foi chrétienne comprend cette réponse en affirmant que Jésus a été conçu en Marie sans relations sexuelles, mais par le don de l'Esprit Saint « car rien n'est impossible à Dieu ». Ainsi, par la puissance créatrice de

Dieu, Marie met au monde Jésus sans cesser d'être vierge. Marie a été préparée à cette mission en naissant préservée du péché originel et de ses conséquences. L'ange la salue comme « pleine de grâce »: portée tout entière par la grâce de Dieu. C'est ce qu'affirme l'Église en parlant de l'Immaculée Conception de Marie. Elle est la Toute Sainte, la Mère de Dieu.

33 Les mystères de la vie du Christ

Le Symbole des Apôtres ne rapporte pas tous les événements de la vie du Christ, mais seulement ceux qui sont les fondements de la foi chrétienne. Les évangiles nous rapportent des étapes de la vie de Jésus qui nous aident à mieux comprendre qu'Il est tout à la fois vrai Dieu et vrai homme. Mais ce que les évangélistes ont écrit ne sont pas des reportages au sens moderne. Ils n'ont pas voulu tout raconter. Ils ont écrit « pour que vous croyiez que Jésus est le Christ, le Fils de Dieu, et qu'en croyant vous ayez la vie en son nom » (Jean 20, 31). C'est toute la vie du Christ qui nous révèle le Père et qui nous sauve. Il nous montre comment vivre en enfants de Dieu.

34 Jésus : de sa naissance à sa vie publique

À Noël, Jésus naît dans une crèche de Bethléem, reconnu et adoré par les bergers qui représentent les pauvres d'Israël. À l'Épiphanie, il est reconnu par les Mages, qui représentent les nations païennes, comme le Messie et le Sauveur du monde. Il appelle toutes les nations du monde à entrer dans le salut. Pendant la plus grande partie de sa vie, Jésus a vécu à Nazareth sans rien dire ni rien faire d'extraordinaire. Il a mené la vie d'un jeune Juif de son temps en priant et en travaillant. On appelle cette période la vie cachée de Jésus, par différence avec sa vie publique.

Cette vie publique commence par le baptême de Jésus. Il est le « Serviteur » entièrement consacré à sa mission. Conduit par l'Esprit au désert pour y être tenté, Jésus triomphe de Satan (le menteur par excellence) par son obéissance à la parole de Dieu. Par ses discours et ses miracles, Jésus annonce la venue du Règne de Dieu. Quand l'heure est venue, Jésus monte à Jérusalem volontairement en sachant qu'il y mourra victime du péché. Jésus, le Roi Messie, entre dans sa ville de Jérusalem où il est accueilli par les enfants et les humbles de cœur. C'est la fête des Rameaux.

Article 4

Jésus Christ a souffert sous Ponce Pilate, Il a été crucifié, Il est mort, Il a été enseveli

35 La mort et la Résurrection du Christ sont au centre de la Bonne Nouvelle

C'est le passage, c'est-à-dire la Pâque, de Jésus de ce monde à son Père, de la mort à la vie, le Mystère pascal, l'Évangile, que les apôtres, et l'Église à leur suite, doivent annoncer au monde. Pour mieux comprendre le sens de ces événements la foi examine en détail les circonstances de la mort de Jésus.

36 Jésus et Israël le peuple de Dieu

Des partisans du roi Hérode, des prêtres (serviteurs du temple de Jérusalem) et des scribes (spécialistes de l'Écriture sainte) ont suspecté et accusé Jésus d'être possédé par le mal, de parler contre Dieu et d'être un faux prophète. Ces crimes religieux pouvaient être punis de la peine de mort.

37 Comment Jésus a-t-il parlé et agi par rapport à la Loi de Dieu ?

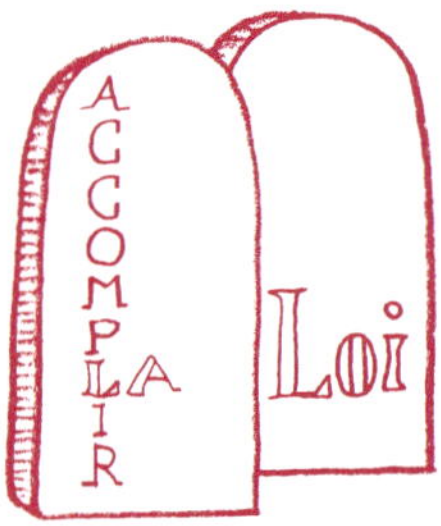

Contrairement à ce que prétendaient certains de ses accusateurs, Jésus n'a jamais aboli la Loi révélée à Moïse. Au contraire, il l'a accomplie et respectée mieux qu'aucun Juif n'a jamais pu le faire : « Je ne suis pas venu abolir mais accomplir » (Matthieu 5, 17).

Jésus a toujours exprimé un grand respect pour le temple de Jérusalem, signe de la Présence de Dieu au milieu de son peuple. Il y est monté chaque année comme tous les Juifs pieux. Il a donné l'essentiel de son enseignement dans le Temple. Pour lui, c'est la demeure de son Père, une maison de prière : « Ne faites pas de la maison de mon Père une maison de commerce » (Jean 2, 16).

Pour les autorités religieuses d'Israël, la plus grande cause de scandale a été l'attitude de Jésus avec les pécheurs : « Il mange avec les publicains et les pécheurs » (Marc 2, 16). Sa conduite révèle la miséricorde de Dieu envers les pécheurs. Jésus pardonne lui-même les péchés.

38 Jésus est mort crucifié

Les autorités religieuses de Jérusalem ont été divisées au sujet de Jésus. Certains, dont le pharisien Nicodème, ont cru en lui. D'autres l'ont tenu pour un blasphémateur et une cause de trouble en raison des foules qui le suivaient. Le Sanhédrin (tribunal religieux juif) l'a jugé coupable et passible de la peine de mort. N'ayant pas le droit de l'exécuter, ils l'ont livré aux Romains qui occupaient la région en l'accusant de préparer une révolte contre l'empire romain. On ne peut donc pas attribuer la responsabilité de la mort de Jésus à l'ensemble des Juifs de Jérusalem ni, à plus forte raison, aux Juifs en général. Pour l'Église, la responsabilité la plus grave dans le supplice de Jésus revient aux hommes pécheurs, qu'ils soient Juifs ou non.

39 Dieu veut sauver tous les hommes

La mort de Jésus n'est pas le fruit d'un malheureux hasard. En acceptant la mort de son Fils unique, Dieu manifeste à quel point Il aime les hommes et veut les sauver.
Les prophètes avaient annoncé la Rédemption, le rachat des pécheurs, par la mise à mort du « Serviteur, le Juste » (Isaïe 53, 11). Saint Paul dira que le « Christ est mort pour nos péchés selon les Écritures » (I Corinthiens 15, 3).

> « La preuve que Dieu nous aime, c'est que le Christ, alors que nous étions encore pécheurs, est mort pour nous. »
>
> *Romains 5, 8*

40 L'offrande du Christ

Toute la vie du Christ a été une offrande au Père. C'est par amour du Père qu'Il entre dans sa mission au service du Salut du monde. Au moment de le baptiser, Jean Baptiste désigne Jésus comme « l'Agneau de Dieu qui enlève les péchés du monde » (Jean 1, 29). Ainsi Jésus donne sa vie en rançon pour délivrer du péché la multitude des hommes. Le don qu'il fait de sa vie est la réalisation du plus grand amour pour les hommes : « Il n'y a pas de plus grand amour que de donner sa vie pour ceux qu'on aime » (Jean 15, 13). Jésus exprime cet amour dans le repas qu'il prend avec ses apôtres la nuit même où il est livré. C'est la dernière Cène qui devient le mémorial de son offrande au Père pour le salut des hommes : « Ceci est mon corps livré pour vous. » Ce sera l'Eucharistie de l'Église : la messe. Par sa mort sur la Croix, Jésus remplace la désobéissance des pécheurs par son obéissance de Serviteur souffrant.

41 Jésus Christ a été enseveli

Jésus, exécuté, connaît l'état de mort comme tout homme : son âme est séparée de son corps. Quelques fidèles l'ont mis dans un tombeau près du Golgotha, le lieu où il avait été crucifié. C'est dans ce corps enseveli qu'Il ressuscitera et apparaîtra aux disciples. C'est bien le même qui était mort et qu'ils verront vivant. Par le baptême, les chrétiens sont plongés dans la mort avec le Christ, ensevelis avec Lui, pour ressusciter avec Lui.

Article 5

Jésus Christ est descendu aux enfers. Le troisième jour, Il est ressuscité des morts

42 Le Christ est descendu aux enfers

Par l'expression « Jésus est descendu aux enfers », le Symbole des Apôtres affirme que Jésus est mort réellement. Il est descendu au séjour des morts pour ouvrir à ceux qui l'avaient précédé les portes du ciel et de la vie.

43 Le troisième jour, Il est ressuscité des morts

Les Évangiles nous rapportent des signes historiques de la résurrection : des témoins voient le tombeau vide. Certains donnaient d'autres explications de la disparition du corps de Jésus : son corps aurait été volé ou enlevé par ses disciples. Dans le tombeau vide, les disciples reconnaissent le premier signe de la réalisation de ce que Jésus avait annoncé. Ce premier signe a été confirmé par les apparitions du Ressuscité. Marie de Magdala et les saintes femmes, Pierre et les apôtres, ont vu le Christ ressuscité. Paul parle même de « plus de cinq cents personnes » (I Corinthiens 15, 6). Les apparitions du Christ nous montrent que la Résurrection n'est pas simplement un retour de Jésus à sa vie antérieure. C'est bien le même et pourtant il est différent : il se rend présent où et quand il veut. Son corps ressuscité n'est plus contraint par le temps et l'espace. C'est un corps glorieux.

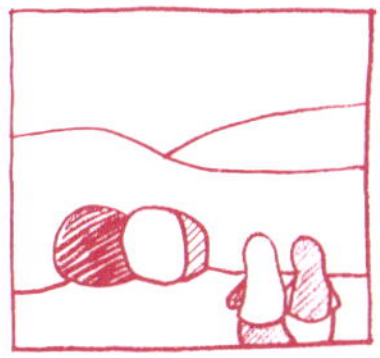

« Premier-né d'entre les morts » (Colossiens 1, 18), le Christ est la source de notre propre résurrection, dès maintenant en guérissant notre liberté, plus tard en donnant la vie nouvelle à nos corps.

Article 6

Jésus est monté aux cieux, Il est assis à la droite de Dieu, le Père tout-puissant

44 Quarante jours après sa Résurrection, lors de sa dernière apparition à ses disciples, Jésus entre définitivement dans la gloire divine représentée par la nuée et les cieux. C'est l'Ascension de Jésus. Désormais, Il est dans le domaine

céleste de Dieu d'où Il reviendra. Pour l'instant, Il est caché aux yeux des hommes jusqu'à la fin des temps. Élevé de terre, Il attire à lui tous les hommes et Il intercède en notre faveur. Tête de l'Église, Il nous précède dans le Royaume glorieux du Père pour que nous, membres de son Corps, l'Église, vivions dans l'espérance d'être un jour définitivement avec Lui.

Article 7

D'où Il viendra juger les vivants et les morts

45 Le salut s'accomplit

Depuis son Ascension, Jésus est Seigneur du monde et de l'histoire. Nous sommes dans les derniers temps. Déjà présent dans son Église, le Règne du Christ n'est pas encore achevé. L'Église peut connaître l'épreuve qui ébranle la foi de nombreux croyants car le mal est toujours à l'œuvre dans le monde. C'est le temps du témoignage grâce à l'Esprit Saint.

À la fin des temps, au Jour du Jugement, le Christ viendra dans la gloire pour accomplir le triomphe définitif du bien sur le mal qui, comme le bon grain et l'ivraie (Matthieu 13, 24-30), auront grandi ensemble au cours de l'histoire.

46 Jugé par l'Amour

Au Jour du Jugement, le Christ glorieux révélera le secret des cœurs et rendra à chaque homme selon ses œuvres et selon son accueil ou son refus de la Bonne Nouvelle et de l'Amour.

Article 8

Je crois en l'Esprit Saint

47 L'Esprit Saint nous révèle le Père et nous fait connaître le Christ mais Il ne dit rien sur Lui-même. Nous ne Le connaissons que par ce qu'Il fait pour nous révéler le Verbe et nous aider à croire en Lui. « Le monde ne peut pas Le recevoir, parce qu'il ne Le voit ni ne Le connaît » (Jean 14, 17).

L'Esprit du Fils, que le Père a envoyé dans nos cœurs, est réellement Dieu. Quand le Père envoie son Fils, il envoie toujours son Esprit. C'est le Christ qui paraît, et c'est l'Esprit Saint qui Le fait connaître.

« Saint-Esprit » est le nom propre de Celui que nous adorons avec le Père et le Fils. C'est Jésus Lui-même qui nous a appris ce nom. Jésus annonce la venue du « Paraclet », le « Défenseur », le « Consolateur ».

Beaucoup de symboles bibliques évoquent l'Esprit Saint :

- l'eau,
- l'onction d'huile,
- le feu,
- la nuée et la lumière,
- le sceau qui imprime la marque du Père,
- la main : Jésus guérit et bénit en imposant les mains, le doigt : « C'est par le doigt de Dieu que [Jésus] expulse les démons » (Luc 11, 20),
- la colombe.

48 Depuis la création, l'Esprit est à l'œuvre avec le Fils

Au moment de sa Passion, Jésus annonce que l'Esprit Saint sera avec nous à jamais. Il sera envoyé par le Père au nom de Jésus. Il nous enseignera tout et nous rappellera tout ce que le Christ nous a dit et Lui rendra témoignage.

Le jour de la Pentecôte (cinquante jours après Pâques),

l'Esprit Saint est manifesté, donné. En ce jour, est pleinement révélée la Trinité Sainte du Père du Fils et de l'Esprit. L'Esprit Saint est le Don de Dieu, c'est le don de l'Amour qui contient tous les autres dons. Il nous pardonne nos péchés, nous fait participer à la vie de la Trinité, nous fait porter du fruit.

> « Le fruit de l'Esprit est charité, joie, paix, longanimité, serviabilité, bonté, confiance dans les autres, douceur, maîtrise de soi. »
>
> *(Galates 5, 22-23)*

La mission du Christ et de l'Esprit Saint s'accomplit dans l'Église, Corps du Christ et Temple de l'Esprit Saint. Les disciples du Christ, emplis de l'Esprit Saint, sont totalement dans la communion de vie du Fils avec le Père. L'Esprit Saint rend présent le Christ, particulièrement dans l'eucharistie.

Article 9

Je crois à la Sainte Église catholique

49 Église : Peuple de Dieu, Corps du Christ, Temple de l'Esprit

Le mot « Église » signifie « convocation ». Il désigne l'assemblée de ceux que Dieu convoque pour former le Peuple de Dieu. Nourris du Corps du Christ, ils deviennent eux-mêmes Corps du Christ. Comme Il est la Tête du Corps, le Christ est la Tête du Peuple de Dieu. L'Esprit Saint fait de l'Église le « Temple du Dieu Vivant » (2 Corinthiens 6, 16) dont les chrétiens sont les pierres vivantes. On utilise aussi plusieurs images bibliques pour désigner l'Église : bercail ou troupeau dont le Christ est l'unique Pasteur, vigne dont Dieu est le Maître et le Vigneron, construction de Dieu, sa famille, notre mère, etc.

> « Le Christ a aimé l'Église et s'est livré pour elle. »
>
> *(Éphésiens 5, 25)*

50 L'Église est une, sainte, catholique et apostolique

- **L'Église est une :** elle a un seul Seigneur, elle confesse une seule foi, elle naît d'un seul Baptême, elle ne forme qu'un seul Corps, vivifié par un seul Esprit. Au terme de l'histoire, seront surmontées toutes les divisions que nous connaissons encore, même entre chrétiens. Par la prière et la conversion des cœurs, tous les baptisés, catholiques, protestants et orthodoxes, sont entraînés vers l'unité visible des chrétiens pour laquelle le Christ Lui-même a prié. C'est l'œcuménisme.

- **L'Église est sainte :** le Dieu très saint est son créateur ; le Christ, son Époux, s'est livré pour elle et l'a sanctifiée ; l'Esprit de sainteté la vivifie. Bien qu'elle soit composée de pécheurs, elle demeure sainte et source de sainteté pour ses membres. Certains chrétiens, particulièrement fidèles à la grâce de Dieu, sont déclarés saints par l'Église. Canonisés, ils sont des exemples pour nous.

- **L'Église est catholique :** elle annonce la totalité de la foi ; elle propose la plénitude des moyens de salut ; elle est envoyée par le Seigneur à tous les peuples ; elle s'adresse à tous les hommes ; elle englobe tous les temps ; par sa nature même, elle est missionnaire. L'Église, Peuple de Dieu dans la Nouvelle Alliance, est liée au Peuple juif, « à qui Dieu a parlé en premier ».

- **L'Église est apostolique :** elle est fondée sur les apôtres. Jésus confie à ses apôtres la mission, reçue du Père. Le Christ leur a promis de rester avec eux jusqu'à la fin des temps. Ainsi leur mission est destinée à durer jusqu'à la fin des siècles. Les évêques sont les successeurs des apôtres comme pasteurs de l'Église.

51 Les fidèles du Christ. Ministres ordonnés, laïcs et vie consacrée

Les fidèles du Christ sont ceux qui ont été baptisés et ils constituent ainsi le Peuple de Dieu. Ils sont tous enfants de Dieu, égaux en dignité. Parmi eux, certains hommes sont appelés à exercer un service particulier dans la mission de l'Église, ils sont ordonnés ministres, c'est-à-dire serviteurs. Ce sont les évêques, les prêtres et les diacres.

C'est le Christ Lui-même qui a institué le ministère des apôtres et de leurs successeurs. Tête de l'Église, Il leur donne la mission et le pouvoir d'agir en son nom. À la suite des douze apôtres, les évêques constituent un groupe stable appelé le collège épiscopal. Le Pape, successeur de Pierre comme évêque de Rome, préside à la communion de ce collège des évêques. Les évêques, en communion avec le Pape, sont au service de l'unité de l'Église. Ils ont la charge d'enseigner, de sanctifier

et de diriger leurs Églises particulières : leur diocèse. Le Christ, Bon Pasteur, est le modèle qu'ils doivent suivre dans leur mission.
Les laïcs participent à la mission du Christ, prêtre, prophète et roi. Par le Baptême et la Confirmation, ils sont appelés à devenir témoins du Christ dans la communauté humaine. Ils ont le pouvoir de lutter contre le mal et le péché dans leur propre vie et dans le monde.
La vie consacrée est menée par des femmes et des hommes appelés par Dieu pour se donner tout entiers dans la pauvreté, la chasteté et l'obéissance. Ce sont les religieux et les religieuses. Ils font des vœux pour s'engager définitivement dans cette vie consacrée totalement au service de Dieu et des hommes.

52 La communion des saints

L'Église est « communion des saints ». Cela signifie :

- **Communion aux choses saintes :** communion dans la foi, dans les sacrements, particulièrement l'Eucharistie, communion de la charité.
- **Communion des personnes saintes :** elles sont sanctifiées dans le Christ qui « est mort pour tous ». Ce que chacun fait et ce qu'il souffre, dans et pour le Christ, porte du fruit pour tous.

53 Marie : Mère du Christ, Mère de l'Église

À l'Annonciation, Marie a dit son « OUI » au mystère de l'Incarnation. Elle collabore à toute l'œuvre de son Fils. Après l'Ascension de Jésus, elle prie avec les apôtres.
Participant d'une manière particulière à la Résurrection du Christ, elle est élevée dans la gloire du ciel dans son corps et son âme. Son Assomption, fêtée le 15 août, est une anticipation de la résurrection de tous les chrétiens. Désormais, elle est

notre Mère, la Mère de l'Église et la Mère des hommes. C'est pourquoi l'Église honore la Vierge Marie d'une manière spéciale et, avec la confiance des enfants, les chrétiens prient par l'intermédiaire, l'intercession, de Marie.

« Voyant ainsi sa mère et près d'elle le disciple qu'Il aimait, Jésus dit à sa mère : "Femme, voici ton fils." Il dit ensuite au disciple: "Voici ta mère." Et depuis cette heure-là, le disciple la prit chez lui. »

Jean 19, 26-27

Article 10

Je crois au pardon des péchés

«Recevez l'Esprit Saint. Ceux à qui vous remettrez les péchés, ils leur seront remis ; ceux à qui vous les retiendrez, ils leur seront retenus.»

(Jean 20, 22-23)

54 En donnant l'Esprit Saint à ses apôtres, le Christ ressuscité leur a transmis son propre pouvoir divin de pardonner les péchés. Le pardon des péchés est lié à la foi et au baptême. En nous unissant au Christ mort et ressuscité, le baptême est le premier sacrement du pardon des péchés. Par la volonté du Christ, l'Église possède le pouvoir de pardonner les péchés des baptisés. Elle exerce ce pouvoir par les évêques et les prêtres dans le sacrement de Pénitence (confession).

Article 11

Je crois à la résurrection de la chair

55 Le terme « chair » désigne l'homme comme un être mortel. La « résurrection de la chair » signifie que, après la mort, il n'y aura pas seulement la vie de l'âme immortelle, mais que même nos « corps mortels » reprendront vie.

De même que le Christ est ressuscité et vit pour toujours, tous nous ressusciterons au dernier jour. Jésus, le Fils de Dieu, a librement souffert la mort pour nous dans une soumission totale et libre à la volonté de Dieu, son Père. Par sa mort, Jésus a vaincu la mort, ouvrant ainsi à tous les hommes la possibilité de la Résurrection.

Article 12

Je crois à la vie éternelle

56 Dès sa mort, chaque homme est placé sous le regard de l'Amour de Dieu dans son âme immortelle. Il est jugé sur l'amour, soit pour entrer immédiatement dans la béatitude du ciel, soit pour y accéder à travers une purification : le purgatoire, soit pour se damner (se couper de Dieu) pour toujours.

La béatitude du ciel, c'est de voir Dieu tel qu'il est, avec Jésus, Marie et tous les saints et intercéder pour les vivants. La peine de l'enfer, c'est d'être éternellement séparé d'avec Dieu. Cette peine correspond à un choix libre de l'homme qui refuserait définitivement l'amour de Dieu et sa miséricorde. C'est une « auto-exclusion » de la communion avec Dieu.

L'Église prie pour que personne ne se perde : « Seigneur, ne permets pas que je sois jamais séparé de toi. » S'il est vrai que Dieu n'impose pas le salut contre la liberté de l'homme, car l'Amour ne s'impose jamais, il est vrai aussi que « Dieu veut que tous soient sauvés » (I Timothée 2, 4) car « tout est possible à Dieu » (Matthieu 19, 26).

Le Jugement dernier interviendra lors du retour du Christ à la fin des temps. Il dévoilera le sens ultime de toute l'œuvre de Dieu à travers les siècles. Face au Christ, qui est la Vérité, sera mise à nu la vérité sur la relation de chaque homme à Dieu. C'est pour nous un appel continu à la conversion de notre vie, c'est-à-dire toujours rompre avec ce qui n'est pas Dieu en nos vies.

SEPT SACREMENTS

Baptême
Confirmation
Eucharistie
Pénitence-Réconciliation
Onction des malades
Ordre
Mariage

SEPT SACREMENTS

Baptême
Confirmation
Eucharistie
Pénitence-Réconciliation
Onction des malades
Ordre
Mariage

Qu'est-ce qu'un sacrement ?

57 Les sacrements de l'Église continuent les paroles et les gestes de Jésus pour donner la vie de Dieu. Les sacrements institués par Jésus sont au nombre de sept : le baptême, la confirmation, l'eucharistie, la pénitence, l'onction des malades, l'ordre et le mariage. Ces sacrements touchent toutes les étapes et tous les moments importants de la vie du chrétien.

On peut les classer en trois genres d'action :

- L'initiation : les sacrements qui donnent naissance et croissance.
- La guérison : les sacrements qui redonnent force.
- La mission : les sacrements au service de la communion.

I. Les sacrements de l'initiation

L'initiation chrétienne est réalisée par l'ensemble des trois sacrements de l'initiation : le baptême qui est le début de la vie nouvelle, la confirmation qui en est l'affermissement, et l'eucharistie qui nourrit le chrétien avec le Corps et le Sang du Christ en vue de sa transformation en Lui.

58 A – Le sacrement du baptême

Le nom du baptême vient du geste qui le réalise : baptiser signifie « plonger », « immerger ». La plongée dans l'eau représente l'ensevelissement du catéchumène, celui qui demande le baptême, dans la mort du Christ d'où il est relevé par la résurrection avec Lui. Il est comme une « nouvelle créature » (2 Corinthiens 5, 17 ; Galates 6, 15).

Les grands événements de l'histoire de l'Alliance de Dieu avec l'humanité, rappelés dans la Vigile Pascale (célébration

de la nuit de Pâques), annonçaient déjà le baptême. Par exemple, la traversée de la mer Rouge, véritable libération d'Israël de l'esclavage en Égypte, annonce la libération par le baptême. Par sa Pâque, sa mort et sa Résurrection, le Christ a ouvert à tous les hommes les sources du baptême. Le baptême se donne donc en plongeant le catéchumène dans l'eau, ou en lui versant de l'eau sur la tête, en invoquant la Sainte Trinité : Je te baptise au nom du Père, et du Fils et du Saint-Esprit.
Le Seigneur lui-même annonce à Nicodème que le baptême est nécessaire pour le suivre :

> « En vérité, en vérité, je te le dis : Nul s'il ne naît d'eau et d'Esprit, ne peut entrer dans le royaume de Dieu. »
>
> *Jean 3, 5*

Qu'apporte le baptême ?

Le don du baptême, la grâce baptismale, comporte : le pardon du péché originel et de tous les péchés personnels, la naissance à la vie de fils adoptif du Père, membre du Christ, temple du Saint-Esprit. Le baptisé est incorporé à l'Église et participe à la mission du Christ. Le baptême imprime dans le baptisé un signe ineffaçable, la marque du Seigneur, le caractère qui le consacre comme disciple du Christ. On ne peut donc être baptisé qu'une seule fois.
Le baptême est le sacrement de la foi en Dieu. Chacun des fidèles ne peut croire que dans la foi de l'Église. La foi nécessaire pour le baptême n'est pas une foi mûre et parfaite, mais un début appelé à se développer. La foi grandit encore après le baptême. C'est pourquoi chaque année l'Église célèbre, dans la Vigile Pascale, le renouvellement de la « Profession de Foi » du baptême.
Ceux qui subissent la mort à cause de la foi, qu'ils soient catéchumènes ou en recherche de Dieu, en s'efforçant d'accomplir sa volonté, sont sauvés même s'ils n'ont pas encore reçu le baptême. Depuis les temps les plus anciens,

le baptême est donné aux petits enfants, car il est une grâce et un don de Dieu et ne suppose donc pas que ceux qui le reçoivent le méritent. Ces petits enfants sont baptisés dans la foi de l'Église. Par le baptême, ils accèdent à la vraie liberté. En cas de nécessité urgente, toute personne peut baptiser, pourvu qu'elle ait l'intention de faire ce que fait l'Église.

59 B – Le sacrement de la confirmation

> « Apprenant que la Samarie avait accueilli la parole de Dieu, les apôtres qui étaient à Jérusalem y envoyèrent Pierre et Jean. Ceux-ci descendirent donc chez les Samaritains et prièrent pour eux, afin que l'Esprit Saint leur fût donné. Car Il n'était encore descendu sur aucun d'eux ; ils avaient seulement été baptisés au nom du Seigneur Jésus. Alors Pierre et Jean se mirent à leur imposer les mains et ils recevaient le Saint-Esprit. »
>
> *Actes 8, 14-17*

Qu'apporte la confirmation ?

La confirmation rend parfait le don du baptême. C'est le sacrement qui donne l'Esprit Saint pour nous enraciner plus profondément dans notre vie d'enfant de Dieu, nous unir plus fermement au Christ, rendre plus solide notre lien à l'Église, nous associer davantage à sa mission et nous aider à rendre témoignage de la foi chrétienne par nos paroles et nos actions.
Comme le baptême, la confirmation imprime dans le chrétien un caractère ineffaçable. Ce sacrement ne peut donc être reçu qu'une seule fois. En Orient, il est donné aux petits enfants immédiatement après le Baptême. Dans l'Église latine, celle à laquelle nous appartenons, on le donne après

l'âge de raison. C'est normalement l'évêque qui célèbre ce sacrement. Il manifeste ainsi le lien avec le don de l'Esprit à la Pentecôte et la place des confirmés dans la communion de l'Église.
Le candidat à la confirmation doit professer la foi catholique, être en état de grâce, c'est-à-dire avoir reçu le pardon de Dieu, avoir l'intention de recevoir ce sacrement et accepter de devenir disciple et témoin du Christ.
On reçoit la confirmation par l'imposition des mains et l'onction avec le saint chrême, l'huile sainte. Par cette onction, les chrétiens participent davantage à la mission de Jésus Christ et reçoivent la plénitude des dons de l'Esprit Saint.

60 C – Le sacrement de l'eucharistie

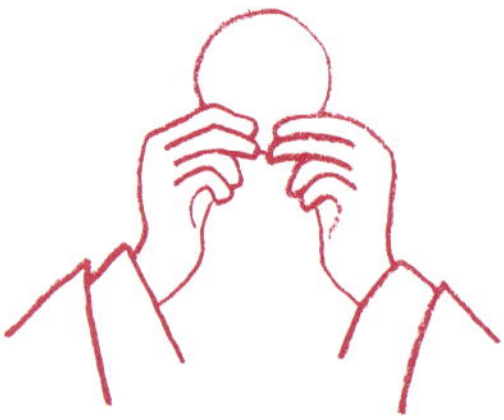

Le sacrement de l'eucharistie est désigné par plusieurs noms qui expriment sa richesse. Eucharistie signifie bénédiction, action de grâce, remerciement pour le don reçu. Le Repas du Seigneur rappelle la Cène que le Seigneur a prise avec ses disciples la veille de sa Passion, le Jeudi Saint. La fraction du Pain renvoie au rite du repas juif célébré par Jésus à la Cène. Ses disciples Le reconnaîtront à ce geste (Luc 24, 13-35). Saint Sacrifice rappelle que le sacrement rend présent l'unique sacrifice du Christ Sauveur. On l'appelle aussi communion parce que ce sacrement nous unit au Christ pour former un seul corps. La Messe indique que la liturgie du sacrement s'achève par l'envoi (missio) des participants pour accomplir la volonté de Dieu dans leur vie quotidienne.
La célébration eucharistique comporte toujours, en une seule et même action : la proclamation de la parole de Dieu, l'action de grâce à Dieu le Père pour tous ses bienfaits, surtout pour le don de son Fils, la consécration du pain et du vin et la participation au repas liturgique par la réception du Corps et du Sang du Seigneur.

Jésus. Le Christ se donne

C'est le Christ Lui-même qui agit par les prêtres et qui offre le sacrifice eucharistique. C'est encore le même Christ qui est l'offrande du sacrifice. Seuls les évêques et les prêtres peuvent présider l'Eucharistie et consacrer le pain et le vin qui deviennent réellement le Corps et le Sang du Seigneur.

Avec l'appel de l'Esprit Saint sur le pain et le vin, le prêtre prononce les paroles de la consécration dites par Jésus pendant la dernière Cène : « *Prenez et mangez-en tous : ceci est mon Corps livré pour vous. (...) Prenez et buvez-en tous : ceci est la Coupe de mon Sang, le Sang de l'Alliance Nouvelle et Éternelle, qui sera versé pour vous et pour la multitude en rémission des péchés.* »

Sous la forme visible du pain et du vin, le Christ Lui-même, vivant et glorieux, est présent de manière vraie, réelle, en son Corps et son Sang.

Qu'apporte l'Eucharistie ?

Celui qui veut recevoir le Christ dans la communion doit se trouver en état de grâce. Celui qui a conscience d'avoir péché gravement (péché mortel) ne doit pas communier sans avoir reçu le pardon par le sacrement de la Pénitence.

La communion au Corps et au Sang du Christ renforce l'union avec le Seigneur, et nous aide donc à lutter contre le péché. Ainsi, elle nous permet de vaincre des péchés véniels (légers) et nous préserve des péchés graves. La communion développe l'unité de l'Église, Corps du Christ. Si l'on y est préparé, l'Église recommande de recevoir la communion chaque fois que l'on participe à la messe. Elle en fait l'obligation au moins une fois par an au moment de Pâques. Puisque le Christ est réellement présent dans le sacrement de l'Eucharistie, on Le respecte et on L'adore dans le Saint-Sacrement conservé à l'église dans le tabernacle.

2. *Les sacrements de guérison*

Le Seigneur Jésus Christ est le médecin de nos âmes et de nos corps. Il a pardonné ses péchés au paralytique et Il lui a rendu la santé du corps (Marc 2, 1-12). Il a voulu que son Église continue son œuvre de guérison et de salut, par la force de l'Esprit Saint. C'est le but des deux sacrements de la guérison : le sacrement de la pénitence et de la réconciliation et le sacrement de l'onction des malades.

61 A – Le sacrement de pénitence et de réconciliation

« Le soir de Pâques, le Seigneur Jésus se montra à ses apôtres et leur dit : "Recevez l'Esprit Saint. Ceux à qui vous remettrez les péchés, ils leur seront remis. Ceux à qui vous les retiendrez, ils leur seront retenus. »

Jean 20, 22-23

Le don du retour vers Dieu

Le pardon des péchés commis après le baptême est accordé par le sacrement de la conversion, de la confession, de la pénitence ou de la réconciliation. Revenir à la communion avec Dieu par la conversion est un mouvement suscité par la grâce de Dieu, plein de miséricorde et désireux de sauver tous les hommes. Nous devons demander cette grâce pour nous-mêmes comme pour les autres.

La confession individuelle et complète des péchés graves, suivie du pardon sacramentel appelé l'absolution, est le moyen habituel pour la réconciliation avec Dieu et avec l'Église.

Seuls les prêtres reçoivent de l'autorité de l'Église la faculté de pardonner les péchés au nom du Christ.

La conversion implique de se repentir, de regretter les péchés que l'on a commis et de s'engager par une ferme résolution à réparer le mal que l'on a fait et à ne plus pécher à l'avenir. Le repentir, appelé aussi contrition, doit être inspiré par la foi.

Acte de contrition

Mon Dieu, j'ai un très grand regret de T'avoir offensé,
parce que Tu es infiniment bon, infiniment aimable
et que le péché Te déplaît.
Je prends la ferme résolution,
avec le secours de Ta sainte grâce,
de ne plus T'offenser et de faire pénitence.
(Rituel de la pénitence)

Comment reçoit-on le sacrement de pénitence et de réconciliation ?

Celui qui veut obtenir la réconciliation avec Dieu et avec l'Église doit dire au prêtre tous les péchés graves qu'il n'a pas encore confessés et dont il se souvient, après avoir examiné soigneusement sa conscience. Il est aussi recommandé de confesser ses péchés moins graves : péchés véniels.

Le confesseur propose une pénitence pour réparer les dommages causés par les péchés et rétablir une manière de vivre propre aux disciples du Christ.

Qu'apporte le sacrement de la pénitence ?

Le sacrement de la pénitence nous réconcilie avec Dieu et nous fait rentrer dans la pleine communion avec Lui. Il nous réconcilie aussi avec l'Église et avec nos frères. Il nous donne la paix et la sérénité et fait grandir nos forces spirituelles pour vivre en chrétiens.

62 B – L'onction des malades

«Quelqu'un d'entre vous est-il malade? Qu'il appelle les anciens de l'Église et qu'ils prient sur lui, après l'avoir oint d'huile au nom du Seigneur. La prière et la foi sauveront le patient, et le Seigneur le relèvera. S'il a commis des péchés, ils lui seront remis.»

Jacques 5, 14-15

Le don du sacrement des malades

Le sacrement de l'onction des malades a pour but de donner une aide spéciale au chrétien confronté aux difficultés d'une maladie grave ou de la vieillesse. Le chrétien peut recevoir le sacrement des malades chaque fois qu'il subit une maladie grave.

Comment reçoit-on le sacrement des malades ?

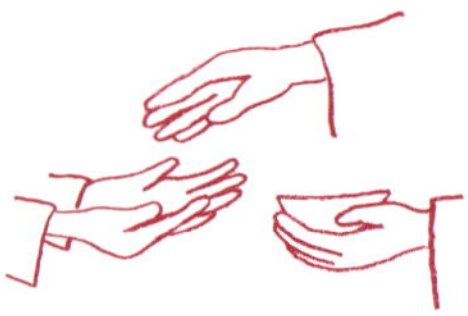

Seuls les prêtres peuvent donner le sacrement de l'onction des malades. Pour le faire, ils emploient de l'huile bénite par l'évêque ou, en cas de besoin, par le prêtre lui-même. Avec cette huile, il marque le front et les mains du malade en priant Dieu pour lui.

Qu'apporte le sacrement des malades ?

Les fruits du sacrement de l'onction des malades sont:

- L'union du malade à la souffrance de Jésus au moment de sa Passion, pour son bien et pour celui de toute l'Église.
- Le réconfort, la paix et le courage pour supporter chrétiennement les souffrances de la maladie ou de la vieillesse.
- Le pardon des péchés si le malade n'a pas pu se confesser.
- Le rétablissement de la santé, si cela convient à sa croissance spirituelle.
- La préparation à la mort, passage à la vie éternelle.

3. Les sacrements du service

Les sacrements de l'ordre et du mariage sont orientés vers le service d'autrui. Ils confèrent une mission particulière dans l'Église et servent à la croissance de tous les baptisés. Ceux qui ont déjà été consacrés par le baptême et la confirmation peuvent recevoir des consécrations particulières. Ceux qui reçoivent le sacrement de l'ordre sont consacrés pour être, au nom du Christ, pasteurs de l'Église. De leur côté, « les époux chrétiens,... sont fortifiés et comme consacrés par un sacrement spécial » (Concile Vatican II).

63 A – Le sacrement de l'ordre

Le sacrement de l'ordre s'appelle ainsi parce que, dans la société romaine antique, ce mot désignait un groupe constitué pour gouverner la cité. Dans l'Église, il y a aussi des ensembles de personnes, des ordres dans lesquels on est intégré par l'ordination.

Pour servir au nom du Christ-Tête de son Corps qu'est l'Église

Par le baptême, tous les fidèles participent à la mission du Christ, Prêtre, Prophète et Roi. Dans cette communion et cette mission du baptisé, il existe une autre participation à la mission du Christ : servir au nom et en la personne du Christ-Tête au milieu de la communauté. Ce service comporte trois missions essentielles : l'enseignement, la sanctification et le gouvernement du peuple de Dieu.

Les trois ordres

Le ministère ordonné comprend : les évêques, les prêtres et les diacres. Ce sont les évêques qui célèbrent les ordinations dans les trois degrés du sacrement de l'ordre.

L'évêque reçoit la plénitude du sacrement de l'ordre. Il entre ainsi dans le Collège épiscopal et il devient le chef visible de l'Église particulière qui lui est confiée, le diocèse. Membres du Collège des successeurs des apôtres, les évêques en communion avec le successeur de Pierre, le Pape, et sous son autorité, ont part à la responsabilité et à la mission de toute l'Église.
Les prêtres sont les coopérateurs de l'évêque et portent avec lui la responsabilité du diocèse. Ils reçoivent de l'évêque la charge d'une communauté paroissiale ou d'une fonction déterminée.
Les diacres sont ordonnés pour le service de l'Église. Ils sont appelés à exercer des fonctions dans le ministère de la Parole et de l'Eucharistie, et le service de la charité.

Comment reçoit-on le sacrement de l'ordre ?

On reçoit le sacrement de l'ordre par l'imposition des mains de l'évêque, suivie d'une prière consécratoire qui appelle l'Esprit Saint sur celui qui est ordonné. C'est l'Église qui appelle à recevoir l'ordination.
Dans l'Église latine, seuls des hommes appelés et résolus à s'engager dans le célibat pour l'amour de Dieu et le service des hommes peuvent être ordonnés pour devenir prêtre ou évêque.

64 B – Le sacrement du mariage

Le don du sacrement du mariage pour les baptisés

Le mariage entre deux baptisés, vivant de la foi chrétienne, est un sacrement s'il est décidé librement, voulu comme unique et définitif, c'est-à-dire jusqu'à la mort, et ouvert à l'accueil des enfants.
Le sacrement du mariage donne aux époux la grâce de renforcer et perfectionner leur amour, d'affermir leur unité indissoluble et de se sanctifier dans leur vie familiale.

Le sacrement du mariage s'épanouit dans la famille

La famille chrétienne est le cadre où les enfants reçoivent de leurs parents la première annonce de la foi et la première initiation à la prière. La famille est appelée « Église domestique », communauté de grâce et de prière, expérience d'amour et de réconciliation, école des vertus humaines et de la charité chrétienne.

Comment reçoit-on le sacrement du mariage ?

Le mariage doit être célébré publiquement par l'échange des consentements : l'engagement public et libre des époux l'un envers l'autre. La célébration se fait normalement devant l'assemblée chrétienne, les témoins et le curé, ou un prêtre ou un diacre, délégués par lui. Le célébrant appelle la bénédiction de Dieu sur les époux et leur foyer.

Le sacrement du mariage est unique

Le sacrement est un don de Dieu, l'Église ne se reconnaît donc pas le pouvoir d'annuler ce don. Quelqu'un qui a réellement reçu le sacrement de mariage ne peut pas se marier une seconde fois après un divorce. S'il le fait, il demeure membre de l'Église, puisque le don du baptême ne peut pas être annulé, mais il entre dans une rupture de la vie sacramentelle tant qu'il ne peut pas recourir au sacrement de pénitence.

LA VIE DANS LE CHRIST

Neuf Béatitudes

Bienheureux ceux qui ont une âme de pauvre,
car le Royaume des cieux est à eux.

Bienheureux les doux,
car ils posséderont la terre.

Bienheureux les affligés,
car ils seront consolés.

Bienheureux les affamés et les assoiffés de la justice,
car ils seront rassasiés.

Bienheureux les miséricordieux,
car ils obtiendront miséricorde.

Bienheureux les cœurs purs,
car ils verront Dieu.

Bienheureux les artisans de paix,
car ils seront appelés fils de Dieu.

Bienheureux les persécutés pour la justice,
car le Royaume des cieux est à eux.

Bienheureux êtes-vous quand on vous insultera,
qu'on vous persécutera, et qu'on dira contre vous
toute sorte d'infamies à cause de moi.

Soyez dans la joie et l'allégresse,
car votre récompense sera grande dans les cieux.

Matthieu 5, 3-12

Celui qui croit au Christ et qui est baptisé entre dans une vie nouvelle. Plongé dans la vie de Dieu, il reçoit donc les moyens de vivre avec le Christ de cette vie nouvelle. Jésus lui montre le chemin et l'Église l'aide à le suivre.

« Bienheureux ceux qui ont une âme de pauvre,
car le Royaume des cieux est à eux.
Bienheureux les doux,
car ils posséderont la terre.
Bienheureux les affligés,
car ils seront consolés.
Bienheureux les affamés et les assoiffés de la justice,
car ils seront rassasiés.
Bienheureux les miséricordieux,
car ils obtiendront miséricorde.
Bienheureux les cœurs purs,
car ils verront Dieu.
Bienheureux les artisans de paix,
car ils seront appelés fils de Dieu.
Bienheureux les persécutés pour la justice,
car le Royaume des cieux est à eux.
Bienheureux êtes-vous quand on vous insultera,
qu'on vous persécutera, et qu'on dira contre vous
toute sorte d'infamies à cause de moi.
Soyez dans la joie et l'allégresse,
car votre récompense sera grande dans les cieux. »

Matthieu 5, 3-12

65 Dans les Béatitudes, Jésus révèle ce que Dieu veut pour nous : le bonheur

Les Béatitudes, premier enseignement de Jésus à ses disciples, reprennent et accomplissent les promesses faites par Dieu au peuple élu, depuis Abraham. En annonçant le Royaume des cieux, elles répondent au désir de bonheur que Dieu a placé dans le cœur de l'homme et nous enseignent à quoi Dieu nous appelle.

La béatitude éternelle promise : voir Dieu et vivre avec Lui Dieu, dépasse l'intelligence et les seules forces humaines. Les Béatitudes nous placent devant des choix nouveaux et décisifs. Elles nous enseignent que le vrai bonheur ne réside ni dans la richesse, ni dans la gloire humaine ou le pouvoir, ni dans aucune œuvre humaine, mais en Dieu seul, source de tout bien et de tout amour.

66 Les chemins pour aller vers le royaume de Dieu

Les dix commandements donnés à Moïse, le Sermon sur la Montagne dans lequel Jésus nous confie les Béatitudes et l'enseignement des apôtres nous indiquent les chemins qui conduisent au Royaume des cieux. Nous nous y engageons pas à pas, par des actes quotidiens, soutenus par l'Esprit Saint.

67 L'être humain créé libre, pour répondre à Dieu

Dieu nous a créés libres. Parmi toutes les créatures, seuls les hommes agissent dans la liberté. Notre liberté nous rend responsables des actes dont nous sommes volontairement les auteurs. Cette responsabilité peut être diminuée par l'ignorance, la crainte ou d'autres causes.

Le droit à l'exercice de la liberté est une exigence inséparable de la dignité de l'homme. Mais cette liberté ne signifie pas que l'on peut dire ou faire n'importe quoi.

68 Comment agir selon la volonté de Dieu ?

La justesse de notre manière d'agir dépend de trois éléments : l'acte lui-même, l'intention qui nous conduit à agir et les circonstances de l'action.

Une bonne intention ne suffit pas à justifier une action mauvaise.

La fin ne justifie pas les moyens. Il n'est donc pas permis de faire le mal pour qu'il en résulte un bien.
Par la raison – le fait d'entrer en soi-même pour s'interroger avant d'agir – on peut juger de la qualité morale, bonne ou mauvaise, de nos actes. Ce jugement de la raison est la conscience morale.

> « La conscience morale est le centre le plus intime et le plus secret de l'homme, le sanctuaire où il est seul avec Dieu et où sa voix se fait entendre. »
>
> *Concile Vatican II*

Nous devons toujours obéir au jugement de notre conscience. Une conscience bien formée est droite et véridique lorsqu'elle cherche le bien véritable voulu par Dieu. Chacun doit prendre les moyens de former sa conscience morale : par la parole de Dieu, lumière sur nos pas, reçue dans la foi et la prière, et mise en pratique. Ainsi se forme la conscience morale avec l'aide de l'enseignement de l'Église. Devant un choix moral, la conscience peut formuler soit un jugement droit en accord avec la raison et avec la loi de Dieu, soit, au contraire, un jugement erroné qui s'en éloigne. Cette conscience peut rester dans l'ignorance ou porter des jugements erronés. Ces ignorances ou ces erreurs ne sont pas toujours innocentes.

69 L'être humain est capable d'agir selon la volonté de Dieu

Les vertus humaines sont données à l'intelligence et à la volonté, pour régler notre conduite et nos actes selon la raison et la foi. Elles peuvent être regroupées autour de quatre vertus dites cardinales : la prudence, la justice, la force et la tempérance. Ces vertus grandissent par l'éducation, par des actes délibérés et par la persévérance dans l'effort. L'aide de Dieu les purifie et les élève.

La **prudence** permet à la raison de reconnaître, en toute circonstance, notre véritable bien et de choisir les moyens justes pour l'accomplir.
La **justice** consiste dans la volonté constante et ferme de donner à Dieu et au prochain ce qui leur est dû.

La **force** assure, dans les difficultés, la fermeté et la persévérance dans la recherche du bien.
La **tempérance** modère l'attirance que nous ressentons à l'égard des plaisirs sensibles et procure l'équilibre dans l'usage des biens créés.

70 La vie chrétienne apporte une lumière nouvelle à l'agir humain

Les vertus dites théologales : la foi l'espérance et la charité viennent de Dieu et nous conduisent vers Dieu en nous aidant à vivre en relation avec Lui. Par la foi, nous croyons en Dieu et nous croyons tout ce qu'Il nous a fait connaître et que l'Église nous donne à croire.

Acte de foi

Mon Dieu, je crois fermement
tout ce que Tu as révélé
et que la sainte Église nous propose de croire
parce que Tu es la vérité même
et que Tu ne peux ni Te tromper
ni nous tromper.

Par **l'espérance,** nous désirons et nous attendons de Dieu, avec une ferme confiance, la vie éternelle et son aide pour y parvenir.

Acte d'espérance

Mon Dieu, j'espère avec une ferme confiance
que Tu me donneras,
par les mérites de Jésus Christ,
le ciel et les grâces pour le mériter,
parce que Tu es infiniment bon pour nous,
tout-puissant et fidèle dans Tes promesses.

Par la **charité,** nous aimons Dieu plus que tout et notre prochain comme nous-mêmes pour l'amour de Dieu.

Acte de charité

Mon Dieu, je T'aime de tout mon cœur,
de toute mon âme, de toutes mes forces
et par-dessus toutes choses,
parce que Tu es infiniment parfait
et infiniment aimable.
J'aime aussi mon prochain comme moi-même
pour l'amour de Toi.

Dans l'exercice de sa liberté, le chrétien est soutenu non seulement par les vertus cardinales et théologales mais surtout par les sept dons du Saint-Esprit, reçus à la confirmation. Ce sont la sagesse, l'intelligence, le conseil, la force, la science, la piété et la crainte de Dieu.

71 Agir contre Dieu

Le péché est une pensée, une parole ou une action, qui offense Dieu. Le péché est un acte contraire à la raison. Il blesse la nature de l'homme et porte atteinte à la solidarité entre les hommes. La racine de tous les péchés est dans le cœur de l'homme.

Commettre un péché **mortel,** c'est choisir délibérément, c'est-à-dire en le sachant et en le voulant, de faire une chose gravement contraire à la loi de Dieu et à la vocation de l'homme. Le péché mortel détruit en nous la communion avec le Christ. Pour rétablir la pleine communion avec Dieu, il faut se repentir et demander pardon dans le sacrement de réconciliation.

Le péché que l'on appelle **véniel** entretient un désordre moral réparable car la communion avec le Christ subsiste en nous.

La répétition des péchés, même véniels, engendre les vices parmi lesquels on distingue les péchés capitaux. Ce sont l'orgueil, l'avarice, l'envie, la colère, l'impureté, la gourmandise et la paresse.

72 L'Église éclaire la conscience de l'homme pour bien agir

Le Pape et les évêques annoncent au peuple de Dieu la foi qui doit être crue et appliquée dans les manières de vivre du chrétien. Il leur appartient aussi de se prononcer sur les questions morales.

L'aide de l'Église est proposée par la prédication, les diverses formes d'enseignement et le soutien des personnes qui peuvent nous aider à voir clair dans notre vie.

Les commandements de l'Église résument les principales indications qu'elle nous donne pour conduire notre vie chrétienne.

Premier commandement
Le dimanche, le Jour du Seigneur, participer à la messe pour célébrer la Résurrection du Christ.

Deuxième commandement
Une fois par an, recevoir le sacrement de la réconciliation qui ravive et actualise la conversion et le pardon du baptême.

Troisième commandement
Au moins une fois par an, pendant les fêtes de la Pâque, recevoir la communion au Corps du Christ.

Quatrième commandement
Participer à la messe le jour des grandes fêtes liturgiques.

Cinquième commandement
Préparer les grandes fêtes par une démarche de conversion qui entraîne à maîtriser les instincts et développe la liberté du cœur.

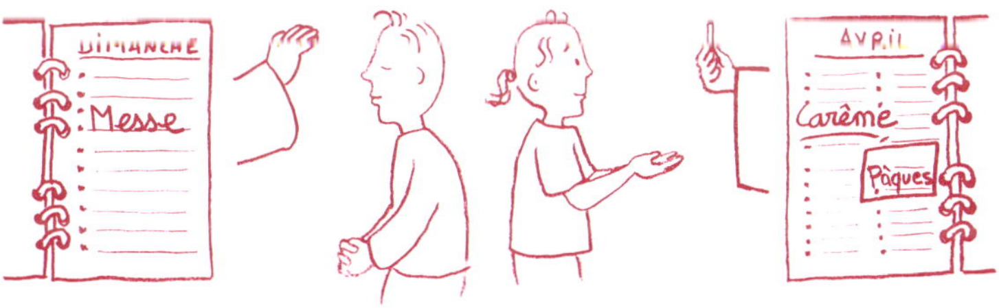

LES DIX COMMANDEMENTS

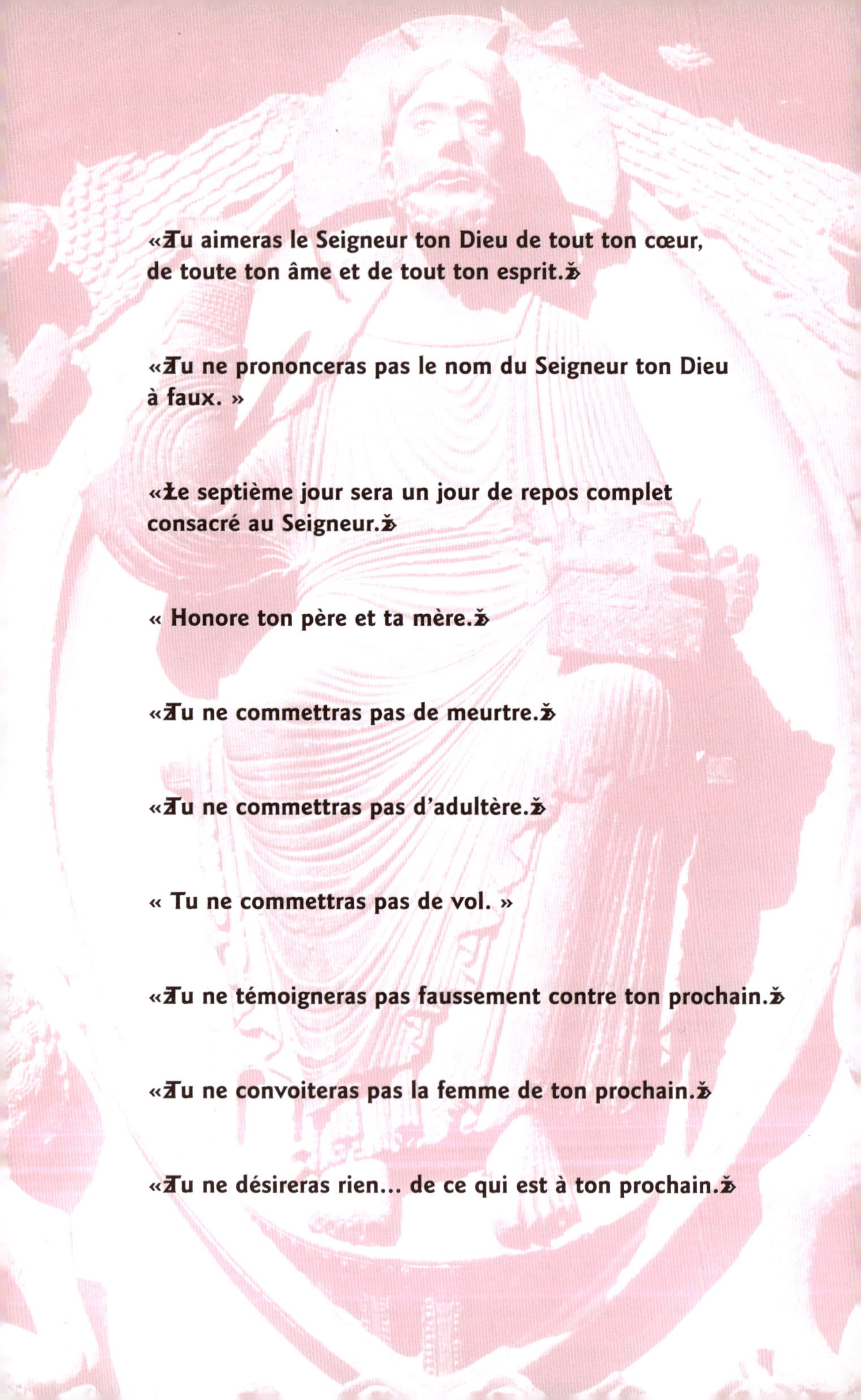

« Tu aimeras le Seigneur ton Dieu de tout ton cœur, de toute ton âme et de tout ton esprit. »

« Tu ne prononceras pas le nom du Seigneur ton Dieu à faux. »

« Le septième jour sera un jour de repos complet consacré au Seigneur. »

« Honore ton père et ta mère. »

« Tu ne commettras pas de meurtre. »

« Tu ne commettras pas d'adultère. »

« Tu ne commettras pas de vol. »

« Tu ne témoigneras pas faussement contre ton prochain. »

« Tu ne convoiteras pas la femme de ton prochain. »

« Tu ne désireras rien... de ce qui est à ton prochain. »

73 Le mot « décalogue » signifie « dix paroles ». Ces « dix paroles », Dieu les a fait connaître à son peuple au Sinaï, par l'intermédiaire de Moïse (Exode 34, 28 – Deutéronome 4, 13). Dans le Nouveau Testament, Jésus nous en donne le sens plénier.

Ces dix commandements, tracent un chemin de vie, chemin de bonheur pour tout homme. Ce que Dieu demande, Jésus montre qu'Il le rend possible par son aide et le don de son Esprit Saint.

Les trois premiers commandements se rapportent davantage à l'amour de Dieu, et les sept autres à l'amour du prochain.

Le premier commandement

74 **« Tu aimeras le Seigneur ton Dieu de tout ton cœur, de toute ton âme et de tout ton esprit. »**

Deutéronome 6, 5

Ce premier commandement appelle l'homme à croire en Dieu, à espérer en Lui et à L'aimer par-dessus tout.

« C'est le Seigneur ton Dieu que tu adoreras. »
Matthieu 4, 1

Le chemin du bonheur

L'obéissance au premier commandement invite à adorer Dieu, à Le prier, à Lui rendre le culte qui Lui revient, c'est-à-dire Lui offrir toute notre vie. Ce devoir concerne l'homme dans sa vie personnelle comme dans sa vie en société.

Parmi les droits de l'homme : la liberté religieuse
L'homme doit pouvoir professer librement sa religion en privé et en public. La Déclaration universelle des droits de l'homme définit ainsi à la fois la liberté de conscience et la liberté de pratiquer une religion.

Des fausses routes
La superstition est une déviation de la religion et du culte que nous devons rendre au vrai Dieu. Elle conduit à l'idolâtrie – prier de faux dieux –, ainsi que vers les différentes formes de divination et de magie.
Tenter Dieu est un péché car il s'agit d'un défi qui inclut toujours un doute concernant l'amour de Dieu pour les hommes, sa bonté et sa puissance.
Le sacrilège consiste à traiter sans respect les sacrements, ainsi que les personnes, les choses et les lieux consacrés à Dieu. Le sacrilège est particulièrement grave quand il concerne l'Eucharistie.
L'athéisme est le rejet ou le refus de l'existence de Dieu. L'athéisme se fonde souvent sur une fausse idée de la liberté de l'homme, poussée jusqu'au refus de toute dépendance à l'égard de Dieu.

> «Beaucoup de nos contemporains ne perçoivent pas du tout ou même rejettent explicitement le rapport intime et vital qui unit l'homme à Dieu : à tel point que l'athéisme compte parmi les faits les plus graves de ce temps.»
>
> *Concile Vatican II*

Le deuxième commandement

75 « Tu ne prononceras pas le nom du Seigneur ton Dieu à faux. »

Exode 20, 7

Le chemin du bonheur

Le nom du Seigneur est saint. Le deuxième commandement prescrit de le respecter. Il interdit donc tout usage inconvenant du nom de Dieu, comme les jurons et un usage magique.

Des fausses routes

- Le blasphème consiste à utiliser le nom de Dieu, de Jésus Christ, de la Vierge et des saints d'une façon injurieuse.
- Quand on jure quelque chose en invoquant Dieu, on le prend à témoin de ce que l'on affirme. Notre serment engage le nom du Seigneur. Le faux serment revient à appeler Dieu à témoigner d'un mensonge.
- Est parjure celui qui, sous serment, fait une promesse qu'il n'a pas l'intention de tenir ou qui ne s'y tient pas après l'avoir faite.

« Vous avez entendu qu'il a été dit aux ancêtres : "Tu ne parjureras pas, mais tu t'acquitteras envers le Seigneur de tes serments." Eh bien ! Moi je vous dis de ne pas jurer du tout (...). Que votre langage soit : "Oui" ou "Non" : ce qu'on dit de plus vient du Mauvais. »

Matthieu 5, 33-34, 37

Le troisième commandement

76 **« Observe le jour du sabbat pour le sanctifier. »**

Deutéronome 5, 12

« Le septième jour sera un jour de repos complet consacré au Seigneur. »

Exode 31, 15

Le sabbat, dans la Bible, représentait l'achèvement de la première création. Le dimanche rappelle la création nouvelle, inaugurée par la Résurrection du Christ, le jour de Pâques.
L'Église célèbre la Résurrection du Christ le dimanche, qui est le Jour du Seigneur.

Le chemin du bonheur

Le dimanche (et le jour des grandes fêtes comme la Toussaint, l'Ascension, etc.) les fidèles doivent participer à la messe, à moins d'en être excusés pour une raison sérieuse (maladie, soins à donner, etc.). C'est un témoignage d'appartenance et de fidélité au Christ et à son Église.
Sauf contrainte grave, le dimanche doit permettre de prendre un temps de repos et de loisirs suffisant pour la vie familiale, culturelle, sociale et religieuse. Les fidèles doivent donc s'abstenir des travaux qui empêchent de participer à la louange de Dieu et de profiter de la joie propre au Jour du Seigneur.
Chaque chrétien doit éviter d'imposer sans nécessité à autrui ce qui l'empêcherait de d'observer le Jour du Seigneur.

Des fausses routes

Dans notre société, dominée par les contraintes du travail, beaucoup de personnes sont empêchées de se reposer le dimanche, soit parce qu'elles travaillent, soit parce qu'elles sont submergées par tout ce qui reste à faire après leur semaine de travail. Hormis les services publics indispensables, nous devons être attentifs à ne pas laisser le dimanche devenir un jour de travail ordinaire : ouverture des grands magasins, par exemple…

Ceux qui ne travaillent pas le dimanche en profitent normalement pour avoir des activités plus libres. Mais ces activités (sports, spectacles, sorties à la campagne, etc.) ne doivent pas occuper le temps au point qu'il n'y ait plus aucune place pour la célébration du Jour du Seigneur.

Le quatrième commandement

77 « Honore ton père et ta mère. »

Deutéronome 5, 16

Le chemin du bonheur

Le mariage et la famille ont pour objectifs le bien des conjoints : le mari et la femme, la transmission de la vie et l'éducation des enfants.

> « Le bien humain et chrétien de la personne et de la société est étroitement lié à la bonne santé de la communauté conjugale et familiale. »
>
> *Concile Vatican II*

Responsabilité des enfants

Les enfants doivent à leurs parents respect, gratitude, juste obéissance et aide. Le respect des enfants envers leurs parents favorise l'harmonie de toute la vie familiale.

Responsabilité des parents
Les parents sont les premiers responsables de l'éducation de leurs enfants à la foi, à la prière et à tout ce qui conduit au bien. Ils ont le devoir de pourvoir dans toute la mesure du possible aux besoins physiques et spirituels de leurs enfants. Les parents doivent respecter et favoriser le développement de leurs enfants. Ils se rappelleront et enseigneront que le premier objectif du chrétien, c'est de suivre le Christ.

Responsabilité de la société
L'autorité publique est tenue de respecter les droits fondamentaux de la personne humaine et de la famille ainsi que les conditions d'exercice de ces droits.

Devoirs du citoyen
Le devoir des citoyens est de travailler avec les pouvoirs civils à l'édification de la société dans un esprit de vérité, de justice, de solidarité et de liberté.
Le citoyen est obligé en conscience de ne pas suivre les prescriptions des autorités civiles quand ces préceptes sont contraires aux exigences de l'ordre moral.

« Il faut obéir à Dieu plutôt qu'aux hommes. »
Actes 5, 29

Le cinquième commandement

78 « Tu ne commettras pas de meurtre. »

Exode 20, 13

Le chemin du bonheur

Toute vie humaine, dès le moment de sa conception jusqu'à la mort, est sacrée parce que toute personne humaine a été voulue pour elle-même et créée à l'image et à la ressemblance du Dieu vivant et saint.

Le meurtre d'un être humain est un acte très grave. Il porte atteinte à la dignité de la personne humaine et à la sainteté de Dieu créateur.

Chacun a le droit de mettre hors d'état de nuire un injuste agresseur. La légitime défense est un devoir obligé pour qui est responsable de la vie d'autrui et du bien commun.

La vie de son début à sa fin

Dès sa conception, l'enfant a droit à la vie. C'est pourquoi, l'avortement direct, c'est-à-dire voulu, est une « pratique infâme » gravement contraire à la loi morale.

Puisqu'il doit être traité comme une personne dès sa conception, l'embryon doit être défendu dans son intégrité, respecté, soigné et guéri comme tout autre être humain.

Par respect de la dignité de la personne humaine créée par Dieu, les hommes et les femmes dont la vie est diminuée ou affaiblie doivent être particulièrement soutenus. L'euthanasie directe volontaire, quels qu'en soient les formes et les motifs, constitue un meurtre. Elle est gravement contraire à la dignité de la personne humaine et au respect du Dieu vivant, son Créateur.

Le suicide est interdit. Il est gravement contraire à l'amour de Dieu, à l'amour de soi-même et à l'amour du prochain.
À cause des maux et des injustices qu'entraîne toute guerre, nous devons faire tout ce qui est raisonnablement possible pour l'éviter. La loi morale doit être observée, même pendant les guerres. Les pratiques délibérément contraires au droit des gens et à ses principes universels sont des crimes.

> « La course aux armements est une plaie extrêmement grave de l'humanité et lèse les pauvres d'une manière intolérable. »
>
> *Concile Vatican II*

Le sixième commandement

79 « Tu ne commettras pas d'adultère. »

Deutéronome 5, 17

Le chemin du bonheur

La sexualité concerne tous les aspects de la personne humaine dans l'unité du corps et de l'âme. Elle s'exprime particulièrement dans l'affectivité, la capacité d'aimer et de transmettre la vie et, d'une manière plus générale, l'aptitude à nouer des liens de communion avec autrui. Chacun, créé homme ou femme, doit reconnaître et accepter son identité sexuelle (masculine ou féminine).
On appelle « chasteté » la manière juste et équilibrée de vivre sa sexualité. Elle suppose d'apprendre la maîtrise de soi et de prendre les moyens d'affronter les tentations. Tout baptisé est appelé à mener une vie chaste, qu'il soit marié ou célibataire.
Les désordres de la vie sexuelle, recherchés en connaissance de cause, sont des péchés graves, contraires à la chasteté.
L'alliance que les époux ont scellée librement par leur mariage implique un amour fidèle, unique et définitif.

Le septième commandement

80 **« Tu ne commettras pas de vol. »**

Deutéronome 5, 19

Le chemin du bonheur

Le septième commandement prescrit la pratique de la justice et de la charité dans l'utilisation des biens et des fruits du travail des hommes. Les biens de la création sont destinés au genre humain tout entier.

Respect des biens et respect des personnes

Le vol est prendre le bien d'autrui contre la volonté du propriétaire. Il est contraire à la justice. L'injustice doit être réparée, le bien volé doit être restitué.
Les actes qui conduisent à asservir des êtres humains, à les acheter, à les vendre ou à les échanger comme des marchandises sont interdits. Ce sont de graves manquements à la dignité humaine.
Quand les droits fondamentaux de la personne l'exigent, l'Église porte un jugement en matière économique et sociale.
L'homme est l'auteur, le centre et le but de toute la vie économique et sociale. Les biens créés par Dieu pour tous doivent être accessibles à tous.
Le véritable développement de l'homme est celui de l'homme tout entier. En fait, la valeur primordiale du travail tient à l'homme lui-même, qui en est l'auteur et le destinataire.

Le huitième commandement

81 **« Tu ne témoigneras pas faussement contre ton prochain. »**

Exode 20, 16

Le chemin du bonheur

La vérité consiste à se montrer vrai en ses actes et à dire vrai en ses paroles, à se garder du mensonge et de l'hypocrisie.

Le chrétien ne doit pas « rougir de rendre témoignage au Seigneur » (2 Timothée 1, 8) en acte et en parole. Le martyre est le suprême témoignage rendu à la vérité de la foi jusqu'au sacrifice de sa vie.

Dire du mal des autres, que ce soit vrai (médisance) ou faux (calomnie) est contraire au respect de la réputation et de l'honneur des personnes.

Le mensonge consiste à dire le faux avec l'intention de tromper le prochain qui a droit à la vérité.

Le neuvième commandement

82 **« Tu ne convoiteras pas la femme de ton prochain. »**

Deutéronome 5, 21

Le chemin du bonheur

Quand le désir humain est fort au point de contrarier l'action de la raison, on parle de la convoitise de la chair. Elle dérègle le sens moral de l'homme. Elle n'est pas une faute en elle-même, mais elle pousse l'homme à pécher.

La lutte contre la convoitise charnelle passe par la purification du cœur, par la pratique de la maîtrise de soi et par la tempérance.
On progresse dans la purification du cœur par la prière, la pratique de la chasteté, la pureté de l'intention et du regard. La pudeur qui préserve l'intimité de la personne favorise la pureté du cœur.

Le dixième commandement

83 « Tu ne désireras rien... de ce qui est à ton prochain. »

Deutéronome 5, 21

Le chemin du bonheur
Le dixième commandement défend le désir démesuré des richesses et de leur puissance.
L'envie et la jalousie nous font désirer le bien des autres au point de nous faire perdre toute mesure.

LA PRIÈRE DU CHRÉTIEN

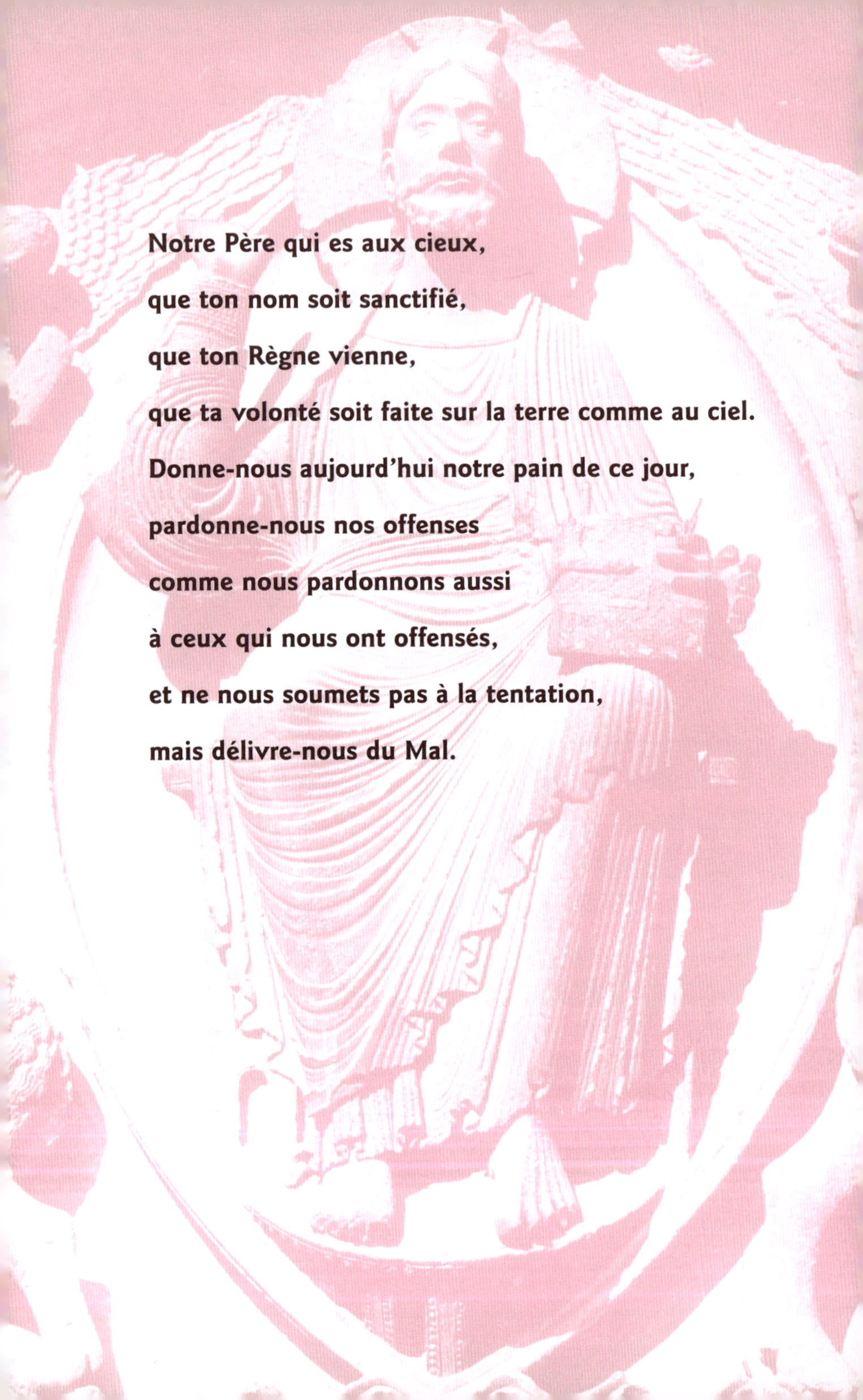

Notre Père qui es aux cieux,

que ton nom soit sanctifié,

que ton Règne vienne,

que ta volonté soit faite sur la terre comme au ciel.

Donne-nous aujourd'hui notre pain de ce jour,

pardonne-nous nos offenses

comme nous pardonnons aussi

à ceux qui nous ont offensés,

et ne nous soumets pas à la tentation,

mais délivre-nous du Mal.

La prière du chrétien

84 Comme nous l'avons déjà vu, Dieu ne cesse d'appeler l'homme pour lui offrir sa vie, son bonheur. La prière est une manière privilégiée de répondre à cet appel de Dieu. Pour le chrétien, la prière est une relation vivante à Dieu, grâce à Jésus et avec Jésus.

> « Pour moi, la prière c'est un élan du cœur, c'est un simple regard jeté vers le ciel, c'est un cri de reconnaissance et d'amour au sein de l'épreuve comme au sein de la joie. »
>
> *Sainte Thérèse de l'Enfant Jésus*

Jésus, le Fils unique de Dieu, priait pour vivre cette relation privilégiée avec son Père, c'est ainsi qu'Il nous a appris à prier.

La prière du Seigneur : « Notre Père »

85 En réponse à la demande de ses disciples : « Seigneur, apprends-nous à prier » (Luc 11, 1), Jésus leur apprend la prière fondamentale du Notre Père.

> Notre Père qui es aux cieux,
> que ton nom soit sanctifié,
> que ton Règne vienne,
> que ta volonté soit faite sur la terre comme au ciel.
> Donne-nous aujourd'hui notre pain de ce jour,
> pardonne-nous nos offenses
> comme nous pardonnons aussi
> à ceux qui nous ont offensés,
> et ne nous soumets pas à la tentation,
> mais délivre-nous du Mal.

Cette prière est appelée « La Prière du Seigneur » parce qu'elle nous vient de Jésus, Maître et Modèle de notre prière. Elle est vraiment le résumé de tout l'Évangile, la plus parfaite des prières. Aussi, cette prière, reçue du Seigneur, est-elle, par excellence, la prière de l'Église.

« Notre Père qui es aux cieux »

Nous pouvons invoquer Dieu comme « Père » parce que le Fils de Dieu fait homme nous L'a révélé. Par le baptême, nous sommes unis au Christ et devenons, par adoption, enfants de Dieu. C'est pourquoi, par la puissance du Saint-Esprit qui nous habite, nous osons prier Dieu comme Notre Père avec une confiance simple et fidèle et avec une assurance humble et joyeuse.

La prière du Seigneur nous met en communion avec le Père et avec son Fils unique, Jésus Christ. En même temps, elle nous assure que nous sommes vraiment devenus enfants de Dieu, puisque nous pouvons dire à Dieu « Père ». Prier Notre Père doit développer en nous la volonté de Lui ressembler.

« Qui es aux cieux »
ne désigne pas un lieu mais la grandeur de Dieu et sa présence dans le cœur des hommes justes.

Les sept demandes

« Que ton nom soit sanctifié »
Il ne s'agit pas de demander que le nom de Dieu devienne saint (il l'est déjà !), mais qu'il soit reconnu comme saint et traité d'une manière sainte. Cette demande contient toutes celles qui suivent. Elle est exaucée par la prière du Christ qui devient la nôtre. Nous prions « dans le nom de Jésus ».

« Que ton règne vienne »
concerne principalement le retour du Christ à la fin des temps quand il remettra le Royaume à son Père. En faisant cette demande l'Église prie aussi pour la croissance du royaume de Dieu aujourd'hui dans nos vies.

« Que ta volonté soit faite »
Nous demandons au Père de connaître sa volonté et de l'accomplir. C'est en effet par la prière que nous connaissons sa volonté et que nous obtenons la force pour l'accomplir.

« Donne-nous aujourd'hui notre pain de ce jour »
Avec nos frères, nous exprimons notre confiance de fils envers notre Père des cieux. Notre pain, c'est, bien sûr, la nourriture nécessaire à notre subsistance, mais c'est aussi le Pain de Vie : parole de Dieu et Corps du Christ. Nous le recevons de Dieu,

comme la nourriture essentielle.

« Pardonne-nous nos offenses comme nous pardonnons aussi à ceux qui nous ont offensés »

Nous implorons le pardon de Dieu, sa miséricorde. Elle ne peut pénétrer nos cœurs que si nous nous efforçons de pardonner à nos ennemis à l'exemple du Christ et avec son aide.

« Ne nous soumets pas à la tentation »

Nous demandons à Dieu qu'Il ne nous permette pas d'emprunter le chemin qui conduit au péché. Nous implorons l'Esprit de discernement et de force. Nous sollicitons la grâce de la vigilance et de la persévérance.

« Mais délivre-nous du Mal »

Avec l'Église, le chrétien prie Dieu de manifester la victoire, déjà acquise par le Christ, sur le « Prince de ce monde », sur Satan, l'ange qui s'oppose personnellement à Dieu et à son dessein de salut.

Sommaire

Achevé d'imprimer en France
Par PULSIO
Dépôt légal : mai 2008